EL TAROT

Laura Tuan

EL TAROT

A pesar de haber puesto el máximo cuidado en la redacción de esta obra, el autor o el editor no pueden en modo alguno responsabilizarse por las informaciones (fórmulas, recetas, técnicas, etc.) vertidas en el texto. Se aconseja, en el caso de problemas específicos —a menudo únicos— de cada lector en particular, que se consulte con una persona cualificada para obtener las informaciones más completas, más exactas y lo más actualizadas posible. EDITORIAL DE VECCHI, S. A. U.

© Editorial De Vecchi, S. A. 2018
© [2018] Confidential Concepts International Ltd., Ireland
Subsidiary company of Confidential Concepts Inc, USA
ISBN: 978-1-68325-827-8

El Código Penal vigente dispone: «Será castigado con la pena de prisión de seis meses a dos años o de multa de seis a veinticuatro meses quien, con ánimo de lucro y en perjuicio de tercero, reproduzca, plagie, distribuya o comunique públicamente, en todo o en parte, una obra literaria, artística o científica, o su transformación, interpretación o ejecución artística fijada en cualquier tipo de soporte o comunicada a través de cualquier medio, sin la autorización de los titulares de los correspondientes derechos de propiedad intelectual o de sus cesionarios. La misma pena se impondrá a quien intencionadamente importe, exporte o almacene ejemplares de dichas obras o producciones o ejecuciones sin la referida autorización». (Artículo 270)

ÍNDICE

Introducción 7

Una historia tan vieja
como el mundo 11

Por qué acercarse al tarot 19

El tarot y la psicología 25

Las buenas cartas no mienten 28

Empezar con buen pie 35

Las reglas de la cartomancia 39
    La baraja. 39
    El cartomántico 42
    La persona consultante. 45
    El ritual 47
    El juego 50
    La cuestión del derecho
      y del revés. 53
    Las cartas y el tiempo 54
    La consulta 55

ANÁLISIS DE LOS ARCANOS
   MAYORES 59

ANÁLISIS DE LOS ARCANOS
   MENORES 105

HISTORIA, ORÍGENES Y SIMBOLISMO... 106

EL SIGNIFICADO
DE LOS ARCANOS MENORES 111
   Bastos..................... 111
   Copas 118
   Oros 125
   Espadas.................... 133

JUEGOS 141
   Oráculo del sí y del no 142
   Oráculo con dos cartas 142
   Oráculo cifrado............. 142
   Oráculo rápido 143
   Juego de las cinco cartas....... 144
   Oráculo seguro 145
   Oráculo del espejo........... 146
   La estrella de Salomón 147
   El juego de las doce casas 148
   La cruz céltica 151
   Juego para asuntos concretos 152
   Oráculo para la pareja 153
   Juego planetario 154
   Juego de la herradura 156
   Juego completo para una
       única cuestión 157
   Juego para la semana 159

INTRODUCCIÓN

Al menos una vez, todo el mundo ha oído hablar de las cartas del tarot; alguno incluso las habrá consultado personalmente, otros habrán visto alguna demostración por televisión. En apariencia, se compone de una baraja normal de cartas, también denominadas *arcanos*, que si tiempo atrás, hasta hace algunos siglos, triunfaban en las mesas de juego, hoy en día han quedado reservadas casi exclusivamente para la previsión del futuro. En efecto, las setenta y ocho cartas que componen la baraja, repletas de símbolos alegóricos, representan uno de los más antiguos y completos sistemas adivinatorios, un conjunto de símbolos en los que apoyarse para activar las capacidades paranormales de clarividencia y predicción que todos poseemos en alguna medida, pero que pueden ser incrementadas y potenciadas gracias al ejercicio constante.

A pesar de que para adivinar casi todos los cartománticos se sirven de toda la baraja, también es una práctica común, al menos al principio, subdividirla en dos partes, dejando por completo el papel adivinatorio a la serie de los llamados **arcanos mayores** (o también triunfos o *atouts*, del francés «*bons à tout*»), la más completa y significativa de todas.

En efecto, los arcanos mayores representan los puntos clave, los símbolos más cargados que hablan al intérprete a través del lenguaje primordial de los arquetipos, las nociones comunes a los representantes de cualquier época y cultura referidas a experiencias compartidas por toda la especie humana o, al menos, grandes grupos de ella.

Sólo por poner un ejemplo, el rojo, en cualquier cultura, evoca la sangre, la vida; la oscuridad siempre enciende la señal de alarma, porque los grandes predadores, enemigos del hombre prehistórico, salían de sus guaridas por la noche; el agua siempre se relaciona con la madre porque todos nacemos de las aguas maternas.

Pero hay más: el riquísimo tejido simbólico de los arcanos mayores, que está emparentado con todas las otras disciplinas esotéricas como la cábala, la alquimia o la astrología, demuestra que en realidad el saber místico, la ciencia oculta, es sólo una y que todas las disciplinas que la componen tienen una interdependencia entre ellas.

En cambio, la otra parte de la baraja, los cincuenta y seis **arcanos menores** constituidos por cuatro series de catorce cartas cada una (diez numeradas y cuatro con figuras), las mismas que se utilizan para jugar al mus o a la brisca, sólo tiene la función de especificar, detallándolos, los significados simbólicos de los mayores. Por ejemplo, indican los tiempos en los que sucederán los acontecimientos, las edades, la clase social o las características físicas de las personas a las que se refiere el juego.

Una vez dicho esto, la baraja del tarot, considerada en su conjunto, se presenta por sí misma: un libro sagrado iniciático, un instrumento creado intencionadamente para pensar, muy parecido, al menos en el intento y en la estructura simbólica, a la famosa «máquina para filosofar» imaginada por el filósofo medieval Ramón Llull. En efecto, tanto la máquina como las cartas del tarot trabajan sobre el mismo principio: las cartas del tarot funcionan como una síntesis de todas las doctrinas y las experiencias humanas, las etapas, los acontecimientos, las situaciones que constituyen la vida misma, y precisamente por este sincretismo, por esta familiaridad, puede resultar facilísimo utilizarlas, comprenderlas y encontrarse en ellas.

Toda la historia del hombre está en este carrusel de cartones impresos de colores, está el nacimiento y está la muerte, y también están siempre el amor, el triunfo, la derrota, la tentación y la recompensa, entrelazados en las vivencias de cada uno. Ya está todo escrito en una especie de proyecto evolutivo que desde la fase inicial, la de la juventud y la experiencia, eficazmente representada por el **Mago**, conduce hasta la rendición de cuentas, el balance final del arcano del **Juicio**. Y desde aquí se regresa de nuevo, a través de la carta del **Loco**, que no tiene número, al punto de partida, pero a un nivel distinto de conocimiento, en una espiral que recuerda con mucha similitud al ciclo de la resurrección: una nueva encarnación sobre la tierra para aprender en ella una nueva lección y enfrentarse a una nueva forma de conocimiento y a un nuevo destino.

UNA HISTORIA TAN VIEJA COMO EL MUNDO

El origen de las cartas del tarot, prácticamente desconocido, se pierde más allá de los límites del mito. En efecto, a partir del periodo prerromántico y romántico, con el auge de la filología y de la arqueología, la supuesta «invención» del tarot empezó a retroceder cada vez más en el tiempo hacia un antiquísimo origen iniciático que sólo resultaba accesible para pocos, y únicamente después de haber superado pruebas durísimas.

Había quien, como el filólogo Court De Gebelin, lo consideraba fruto de la civilización egipcia y quien, como el abad esoterista Eliphas Levi, atribuía su invención a los antiguos hebreos, o bien quien afirmaba que la primera aparición de las cartas del tarot se remontaba a la India, donde ya mil doscientos años antes de Cristo causaba furor una baraja de cartas redondas correspondientes a las diez reencarnaciones del dios Visnú.

Además, también había quien consideraba que las cartas del tarot eran una herencia de antiguos oráculos, o bien fruto de la fantasía gitana e incluso otros el último legado de una civilización misteriosa y perdida: la mítica Atlántida, a la que también apunta Platón en uno de sus célebres diálogos. Pero cualquiera que haya sido la civilización que las haya ideado, lo que de verdad importa en las cartas del tarot es el evidente significado religioso-simbólico que enlaza todas las cartas hasta constituir un ciclo completo, una especie de poema iniciático que se desarrolla a través de un largo proceso de purificación y de evolución interior.

De hecho, en el simbolismo más profundo de la baraja no es difícil reconocer los cimientos del esoterismo occidental, las leyes mágicas de los antiguos saberes sintetizadas en la famosa tabla esmeraldina atribuida a Hermes Trismegisto: «Así en la tierra como en el cielo, así abajo como en lo alto; una parte representa el todo; todo posee dos polos, uno masculino y el otro femenino; los extremos se tocan, etc.».

Existen dos formas distintas de acercarse al saber esotérico, dos vías iniciáticas distintas, una *seca*, es decir intelectual, racional, activa, que se podría considerar de factura occidental, y otra *húmeda*, interior, receptiva, intuitiva, oriental.

En el tarot, estas dos formas complementarias de vivir la relación con el universo forman una única vía, sintetizada por los dos arcanos que abren y cierran la serie de los veintidós mayores.

El arcano n. 1, el **Mago**, representa al joven activo, emprendedor, preparado para dominar el mundo con los instrumentos de la magia.

El rojo, el color de la acción, predomina en su ropa mientras que el sombrero, en forma de ocho invertido, alude al universo y a la eternidad.

En cambio, el arcano que cierra la serie es el **Loco**, símbolo del conocimiento pasivo. Es muy posible que se trate del mismo joven que abre la serie pero que, a diferencia de este, está preparado para deshacerse de su saber, que lleva recogido con desdén en un pequeño fardo.

El Loco le da la espalda a la vía racional a favor de la del corazón.

Por eso se burla de los valores que dominan la sociedad, ha abandonado el grupo y ahora, completamente solo, prosigue su marcha por el camino de lo irracional, del mundo al revés.

Sin la vía del corazón, sintetizada por la figura del Loco, la búsqueda racional y científica del Mago no llevaría a nada, igual que del mismo modo, sin la iniciativa y el dinamismo de este, el vagar irracional del Loco sólo sería una pérdida de tiempo, vana locura.

Sólo en la conciliación de los opuestos, en el matrimonio de la acción y de la racionalidad con la intuición y con la fe, puede nacer la perfección verdadera, la plenitud del ser que el asceta busca en sus agotadoras prácticas y el alquimista en su secreto laboratorio.

El valor iniciático de la baraja también parece confirmado por la etimología. En árabe, *tar rog* significa literalmente «vía real». Sin embargo, opiniones y étimos giran sin aclararse alrededor de esta serie de cartas tan completas y sugestivas: según algunos expertos, tarot podría derivar del griego *etairoi* = compañeros, o del latín *terere* = batir, del hebreo *tarah* = hacer sortilegios, o incluso del árabe *tar* = revancha, para llegar a *tara*, la voz que se utilizaba en el Renacimiento para designar el sistema de imprenta de la parte posterior de las cartas, que se punteaban de oro. Pero, tal vez, todavía parece más sugerente la propuesta de Guillaume Postel, que reconoce en el término *taro* (carta del tarot) un anagrama de *rota*, con una evidente alusión a la ininterrumpible rueda del destino.

Sin embargo, a pesar de la exótica terminología y de su evidente arcaísmo, las cartas del tarot hacen su aparición en Europa relativamente tarde, solamente a partir del 1300-1400, época en la que empiezan a extenderse como juego de azar.

Así pues, entre los orígenes míticos, simbólicos e iniciáticos y la historia hay un vacío. Además, es bastante probable que los arcanos mayores y los arcanos menores tengan orígenes e historia distintos.

De hecho, parece que los mayores están estrechamente vinculados a la serie de los *Naibi*, una baraja con intenciones didácticas reservada a la educación de los niños, una síntesis sumaria del saber medieval en la que estaban incluidas las musas, los planetas, las artes liberales, los vicios, las virtudes y los acontecimientos vitales.

Por el contrario, parece que los menores derivan, por lo que se refiere a las cartas numeradas, del dominó y por lo que concierne a las figuras (rey, reina, caballo y sota), del ajedrez.

Tal y como hemos visto, la historia determina la aparición de las primeras cartas de juego en el 1200 a. de C. y las sitúa en China, donde estaba en boga un curiosísimo juego llamado «mil veces diez mil», y en la India, donde la gente se divertía con las cartas redondas que representaban a las diez encarnaciones divinas. El vacío de más de dos milenios que hay entre nuestras cartas y aquellas sigue siendo un misterio.

¿Cómo y cuándo han llegado hasta nosotros? ¿Quién las introdujo en Europa a pesar de los fuertes impuestos y de las prohibiciones legales, primero en las mesas de juego y más tarde en los salones y en los misteriosos antros de lo profético? Se pueden formular dos hipótesis, ambas igualmente aceptables.

Primera hipótesis: los gitanos, como prueba la similitud de su lengua con el sánscrito, el idioma de los antiguos hindúes. Alrededor del siglo XIV d. de C. una fortísima oleada migratoria de desclasados empezó a remontar el valle del Indo y, al pasar por Oriente Medio, se dividió en dos ramas. La primera se dirigió hacia los Balcanes; la otra llegó hasta Egipto (de ahí el término inglés *gipsy* = gitano = egipcio), donde probablemente entró en contacto con las prácticas esotéricas que se cultivaban profusamente en ese país y que hoy en día, tal y como sostiene Court De Gebelin, se pueden reconstruir perfectamente a partir de los caracteres simbólicos de nuestra baraja. Por otra parte, es bien sabido que entre las profesiones típicas de los gitanos (caldereros, danzadores, criadores de caballos) también están incluidas las artes adivinatorias; tanto es así que la lectura de las cartas y de la mano, en los siglos de la Inquisición primero y después en los del racionalismo, fue durante mucho tiempo una prerrogativa exclusivamente suya. Por lo tanto, el simbolismo esotérico de las cartas del tarot habría llegado hasta nosotros desde Egipto a través de la cartomancia gitana.

Segunda hipótesis: los templarios, Caballeros del Sagrado Sepulcro. Estos, que se habían desplazado hasta los Santos Lugares para defender a los peregrinos, tuvieron ocasión de conocer los antiguos saberes de los hebreos, que desde siempre han sido minuciosos descifradores de letras y números de la Biblia.

La orden templaria no vivió demasiado tiempo, pero en los dos siglos que precedieron a su supresión por parte de Felipe *el Hermoso*, consiguió acumular inmensas riquezas.

El hecho de que los templarios fuesen esotéricos también lo demuestra el complejo simbolismo de las catedrales góticas, de las que ideológicamente fueron los creadores; por otro lado, que se dedicasen activamente a la alquimia lo corrobora su misma regla, que en una de sus disposiciones prohíbe expresamente fabricar oro en presencia de extraños.

Según esta teoría, el simbolismo de las cartas del tarot, impregnado de esoterismo, habría llegado a Europa desde Israel de la mano de los templarios, que no sólo hicieron de intermediarios, sino que también se ocuparon de codificar esos conocimientos y transmitírnoslos en el críptico lenguaje confiado a la arquitectura y a la escultura góticas.

Y he aquí, sólo para los grandes amantes de las fechas, algunos momentos fundamentales de la historia del tarot:

— 1377: el monje Johannes atestigua la presencia del tarot en Suiza;

- 1379: las crónicas de Covelluzzo aluden a la difusión del juego en Viterbo;
- 1393: se crea en Italia la compañía de pintores de cartas;
- 1432: Bonifacio Bembo pinta las famosas cartas del tarot de los Visconti;
- 1582: en Francia se gravan con impuestos las barajas del tarot para limitar su uso.

Entre las cartas del tarot de la época, se pueden destacar las tres barajas pintadas por Jacquemin Gringonneur para alegrar al rey Carlos VI de Francia y distraerle de las crisis depresivas en las que había caído. Probablemente este es el primer tarot de todos los que conocemos actualmente.

Algo posterior es el *pequeño tarot boloñés*, compuesto de sesenta y dos cartas entre las que faltan el dos, el tres, el cuatro y el cinco de todos los palos. Después, por orden, aparecieron la *baraja de Mantegna*, de cincuenta naipes, y las *Minchiate Florentinas*, que por el contrario incluyen noventa y seis cartas, ya que a los veintidós arcanos mayores y a los cincuenta y seis menores se añaden los cuatro elementos y los doce signos zodiacales.

POR QUÉ ACERCARSE AL TAROT

Sobre todo, una persona se suele acercar al tarot porque representa un sistema rápido, de bolsillo, siempre al alcance de la mano y porque, en definitiva, una vez que se han aprendido los símbolos y se ha desarrollado un poco la sensibilidad necesaria, resulta accesible para muchos.

Naturalmente, esto vale para los que aceptan la adivinación, es decir, para los que deciden encomendarse a las directrices del sexto sentido, a las señales misteriosas del universo antes de tomar una decisión importante; en resumen, para los partidarios de indagar en el futuro, de saber lo que va a ocurrir antes de que suceda en la realidad.

Pero llegados a este punto, se puede volver a caer en ese complejo y sufrido debate, del que san Agustín fue su portavoz más autorizado, que se refiere a la inevitable relación entre predestinación y libre albedrío.

Es verdad que el hombre siempre se ha dedicado a intentar indagar el futuro: el ansia, el temor, la curiosidad con relación a lo que ocurrirá, la conciencia de la inevitabilidad del destino y la intrigante tentación de desafiarlo y de cambiarlo, la necesidad de tener esperanza y de seguir creyendo en un futuro mejor, constituyen uno de los hilos conductores de toda la historia humana. Los antiguos griegos en la voz de Apolo en Delfos, los romanos en los oráculos de la sibila de Cumas, los babilonios en las posiciones de los astros, los chinos en los tallos de aquilea o en los caparazones de las tortugas: todos, aunque con técnicas y modalidades distintas, han buscado una confirmación o una respuesta en los signos del universo, precisamente porque, como subraya el contenido de las famosas «tablas de esmeralda», cada elemento del cosmos unido a todo lo demás a través de finas conexiones y lo que ya está en el pensamiento, en el deseo o en el símbolo, ya está virtualmente presente también en la realidad. Por lo tanto, nada es casual en el universo y el tarot, como el alfabeto de las estrellas o las líneas de la mano, conoce y habla este misterioso lenguaje repleto de signos y de símbolos. El cartomántico, dejándose llevar por esta sutil inducción, a partir del significado del número, del color, del palo, de las alegorías que siempre unen al cielo con la tierra y a las cartas con las estrellas, activa a través de las imágenes del tarot sus propias capacidades extrasensoriales, que le permiten rebuscar en su inconsciente, leer el tiempo pasado y el futuro, para poder llegar a la raíz de las cosas. Pero también es verdad, y aquí vuelve a entrar en juego el debate sobre la predestinación, que si el futuro se puede leer, descifrar y prever, esto implica que en alguna parte, en algún lugar recóndito este futuro tiene que estar necesariamente escrito y si una cosa está escrita, no se puede hacer nada para cambiarla. Sin duda este razonamiento resulta muy cabal. Y sin embargo, como demuestra la nutrida casuística recogida por el parapsicólogo americano J. Rhine y por su mujer Louise, no resultan tan raros los casos en los que un fenómeno paranormal, como una comunicación telepática, una visión o un sueño, es decir un aviso obtenido con medios que no son los sentidos físicos, ha sido suficiente para cambiar un destino, para salvar a alguien de una desgracia. Para el hombre común es muy difícil cambiar voluntaria y mágicamente su propio destino, algo que, se dice, sólo está al alcance de los sabios conocedores de la alta magia. Sin embargo, no se puede negar que el hecho de que conozca por anticipado sus condiciones futuras, aunque no esté en condiciones de cambiarlas, ya representa de por sí una ayuda válida para enfrentarse a ellas mejor, ya que podrá controlar la intensidad emotiva y el riesgo de posibles traumas. La crítica que se oye más a menudo en contra de la previsión del futuro se basa precisamente en esta cuestión: saber con anticipación excluye la sorpresa y limita la libertad de elección, es decir, recluye a la persona en los límites de la previsión. Aun así, los hechos, y no sólo la casuística recogida por el matrimonio Rhine, demuestran exactamente lo contrario: conocer con anticipación amplía las posibilidades de elección y además otorga un razonable intervalo de tiempo que permite reflexionar y decidir con mucha calma, algo que resulta prácticamente imposible en el momento en que los acontecimientos ya se están produciendo. Pongamos el ejemplo de una previsión meteorológica, que de por sí no tiene nada de mágico ni de arcano. Y sin embargo, todos se apresuran a consultar las noticias del tiempo la noche antes de una excursión a la montaña. Supongamos que las previsiones indican lluvias torrenciales e imprevistas para el día siguiente. En este caso, los que han salido sin consultar las noticias del tiempo y se fían únicamente del aparente azul del cielo tienen una sola opción: calarse hasta los huesos; en cambio, los que han tenido en cuenta las previsiones pueden elegir entre distintas posibilidades: aplazar la excursión confiando en que el tiempo sea más favorable la próxima vez; salir tal y como se había decidido pero equipándose bien con botas, paraguas e impermeable; salir con sandalias y camiseta, confiando en la suerte, porque así es más divertido, más… imprevisible. Más que limitar la libertad de elección, en este caso la previsión puede ahorrar bastantes problemas, un molesto resfriado o la inútil pérdida de un tiempo que se podría haber aprovechado mucho mejor de algún otro modo.

Naturalmente, cuando lo que está en juego es algo más importante, más íntimo que una excursión, es necesaria mucha sensibilidad por parte de quien practica la adivinación. Es lícito predecir, pero debe hacerse sin desconcertar y sobre todo sin influenciar. El riesgo es especialmente notable para los individuos psicológicamente débiles, que muchas veces acaban por convertirse en esclavos de la previsión, sobre todo de la negativa, hasta el punto de que, inconscientemente, se llegan a comportar del modo más adecuado para que esta se lleve a cabo. Otros caen en manos del ansia y estrechan auténticos y verdaderos vínculos de dependencia con relación al adivino, sobre el que proyectan mecanismos de identificación afectiva hasta el punto de que ya no saben cómo conducir su vida sin sus consejos. Todo esto ya es suficiente para poder entender que nadie se puede convertir en adivino de la noche a la mañana y que esta actividad implica una gran responsabilidad. En la práctica, un buen cartomántico o quiromántico o astrólogo es un curioso cruce entre un psicólogo, un estudioso, un sacerdote, un hermano o una hermana mayor y precisamente por ello tiene que responder a numerosos requisitos: un fuerte conocimiento de las leyes esotéricas del universo, un sincero interés hacia los demás que, sin embargo, no debe llevarlo a peligrosos procesos de identificación, una profunda sensibilidad que le ayude a establecer qué es en realidad lo que la persona que le consulta está preparada para saber y asimilar, y una pasión hacia su oficio que no derive de un interés únicamente económico.

EL TAROT Y LA PSICOLOGÍA

De todas formas, no hay que pensar que las cartas del tarot no pueden ser utilizadas por los que no pretenden prever el futuro y prefieren no saber en lugar de angustiarse antes de lo debido. En efecto, en virtud de su simbolismo, de su lenguaje arquetípico que reproduce las distintas etapas de la experiencia vivida por toda la raza humana, también se pueden utilizar únicamente como instrumento de meditación y de autoconocimiento. El conocido psicólogo suizo Carl Gustav Jung, que fue el primero que formuló la teoría de los arquetipos, compara la conciencia con la parte visible de una isla, el inconsciente individual con la parte sumergida y el inconsciente colectivo, el que es común a todos los hombres, con el mar que fluye por debajo de ella. Las cartas hablan este lenguaje universal, que resulta muy útil para poner en comunicación casi inmediata la esfera de la conciencia con la zona del inconsciente individual y, desde esta, con el mar que fluye por debajo, el inconsciente colectivo. En efecto, los símbolos, al funcionar como auténticos y verdaderos imanes, atraen a otros símbolos y llevan a la superficie las ideas que todavía están en germen, y los sentimientos que han permanecido ocultos durante demasiado tiempo; en síntesis, desarrollan el trabajo del psicólogo y ayudan a asociar, a concatenar, a dialogar con uno mismo para lograr un mejor conocimiento del yo.

No es una casualidad que hoy en día haya numerosos grupos de investigación psicológica, sobre todo cuando se trata de análisis de grupo, que se apoyan en el simbolismo de los arcanos mayores para analizar los distintos tipos de comportamiento y los diferentes modos de actuar. La autoidentificación con una carta, una forma especial de ser, estudiada en relación con todas las demás se transforma así en una clara fotografía de uno mismo y de la forma de relacionarse con los demás: por ejemplo, está la mujer que prefiere el papel de mujer-Luna, maternal y receptiva, pero a veces, embustera y chismosa; o las que se identifican con mucha facilidad con la mujer-Papisa, sabia y silenciosa, o bien con la mujer-Emperatriz, serena e intelectualmente cultivada. Del mismo modo, está el hombre-Emperador, enérgico y autoritario; el hombre-Papa, sabio y paciente consejero; el hombre-Diablo, seductor y embaucador.

En cualquier caso, tanto si se trabaja sobre un solo arcano como si se une a otros, por ejemplo al que le precede o le sigue en la serie numérica, o bien al que está situado frente a él, la regla básica para meditar con el tarot siempre es la misma: entrar con fantasía en la carta, atravesarla como si tratase de una puerta abierta, instaurar un diálogo imaginario con el personaje que está reproducido en ella, visualizarla después de haberla mirado fijamente durante bastante tiempo intentando reconstruir todos sus detalles con los ojos cerrados. Después de esto las asociaciones de ideas se presentan espontáneamente: no hay más que pensar en la carta en cuestión, en su palabra clave, en sus atributos y enseguida aparecerá en la mente una multitud de pensamientos, recuerdos, experiencias y asociaciones a través de los cuales será posible dejarse deslizar dulcemente, casi como si se tratase de raíles, hasta la zona más profunda de uno mismo.

LAS BUENAS CARTAS NO MIENTEN

Hoy sabemos que habitualmente no utilizamos gran parte de nuestro cerebro. Así mismo, ignoramos casi por completo las funciones de la epífisis o glándula pineal, que quizás está ligada al llamado sexto sentido. Y precisamente el sexto sentido, es decir todos los fenómenos ajenos a los otros cinco, es el objeto de estudio de una ciencia a la que todavía se le ponen muchos obstáculos pero que actualmente está en vías de expansión: la parapsicología y el estudio de lo paranormal, de la que la lectura de las cartas es parte integrante.

La actividad cerebral consiste en una emisión regular de ondas eléctricas de distinta frecuencia que normalmente se pueden apreciar por medio de un electroencefalógrafo. De las cuatro emisiones distintas, las que nos interesan directamente en este contexto sólo son dos: las ondas Beta, la frecuencia de la vigilia, y las ondas Alfa, más bajas y que caracterizan la fase en la que se dormita, la de la relajación máxima, de la meditación y de todos esos fenómenos de alteración de la conciencia, entre los cuales están la telepatía y la precognición, que se encuentran en la base de toda la experimentación paranormal, incluida la adivinación. Para obtener un fenómeno paranormal digno de atención, por ejemplo una previsión, es indispensable saber entrar en este especial estado de conciencia caracterizado por la emisión de las ondas Alfa, porque es precisamente en este estado, y sólo en él, en el que se hace realmente posible trascender los habituales esquemas espaciotemporales y alcanzar los materiales del inconsciente colectivo, la llamada memoria del mundo, la *akasha* de los hindúes, en la que se halla una señal de todo lo que es, ha sido y será.

Pero volvamos de nuevo y por un instante a Jung y a una teoría fundamental que él formuló: la teoría del sincronismo, según la cual todas las cosas o acontecimientos parecidos siempre tienden a converger en el mismo espacio y en el mismo tiempo. Seguro que a todos nos habrá pasado una infinidad de veces pensar en una persona, encontrarnos con ella poco después y, tal vez esa misma noche, ver una película cuyo protagonista tiene el mismo nombre del amigo que acabamos de ver. Esto mismo también le ocurrió a Jung, de forma tan evidente que le permitió formular esta nueva pero atendible teoría.

Jung estaba paseando por la orilla del lago de Constanza: era el 1 de abril, día dedicado a un famoso pez y, casi como evocado por esa fecha, un pez saltó del agua justamente delante de sus ojos. Poco después, siguiendo su paseo, se encontró con un viejo amigo, un tal Pez. Tres acontecimientos, tres situaciones relacionadas con el pez y todas aparentemente casuales habían sucedido en el mismo lugar y en un periodo de tiempo de pocos minutos. En realidad, de casual no había nada de nada; había sido el principio del sincronismo el que las había hecho converger en ese lugar y en ese preciso momento. El mismo principio que en el tarot hace que la persona consultante elija concretamente la carta adecuada a su situación y no otra y que lleva hasta la mente del adivino precisamente esa idea y la respuesta más adecuada a la cuestión que se ha dejado al dictamen de las cartas.

Pensemos por un momento en un río: a un lado está el estado Beta, la conciencia del estado de vigilia; al otro, el estado Alfa, la condición indispensable para lo paranormal. Las cartas del tarot, como las líneas de la mano o los posos de café, no son más que las piedras sobre las que hay que saltar para llegar cómodamente a la otra orilla sin mojarse los pies. De este modo, los símbolos forman un camino, una especie de puente, un apoyo valioso pero no indispensable a través del cual el inconsciente se desliza suavemente hacia lo paranormal. Hay personas que están en condiciones de entrar espontáneamente en el estado Alfa mediante el sueño, el yoga o, como les sucedió a numerosos santos reconocidos por la Iglesia que, gracias a la oración y el éxtasis místico, fueron responsables de muchos fenómenos inexplicables, curaciones milagrosas, desdoblamientos o visiones colectivas.

Pero veamos ahora más de cerca lo que sucede realmente durante una consulta cartomántica: en virtud del fenómeno del sincronismo la persona consultante no extrae por casualidad las cartas, sino que inconscientemente, aunque no las vea, acaba por dirigirse precisamente hacia las que representan mejor su situación. Por otro lado, el cartomántico, apoyándose en los pocos elementos simbólicos que posee, crea todo el resto de la situación siguiendo el mecanismo psicológico especial de la *gestalt*. En definitiva, actúa como quien soluciona un juego de palabras: asocia, pega, deduce una globalidad utilizando únicamente los datos simbólicos que tiene a su disposición, es decir los significados de las cartas extraídas.

Llegados a este punto, es necesario tener en cuenta otro factor: nunca hay que interpretar los símbolos individualmente porque sus significados cambian, cobran más fuerza, se vuelven menos importantes o se invierten en función de su combinación con las cartas que tienen al lado, de si la carta se presenta boca arriba o boca abajo y de la posición que ocupa en el juego. En efecto, aunque algunos cartománticos, como la célebre Mademoiselle Lenormand, prefieren tirar las cartas al azar, casi todos las colocan según un esquema geométrico determinado, donde la parte superior y la inferior, la derecha y la izquierda, en virtud de su simbolismo intrínseco, que los antiguos conocían muy bien (lo tenían en cuenta para la interpretación de los rayos y del vuelo de los pájaros), influyen y modifican el simbolismo básico de las cartas. Entonces el juego se convierte en una especie de telar, de forma geométrica regular (cuadrado, triángulo, círculo, estrella), donde colocar los símbolos que, en función de la posición que ocupan, se refieren al pasado, al presente o al futuro de la persona consultante o bien a las esferas afectiva, profesional o financiera.

El ritual, seguido literalmente por algunos cartománticos pero despreciado por otros, también influye, ya que le ofrece al adivino otra *muleta*, un valioso pero no indispensable apoyo construido únicamente sobre los símbolos, sobre los detalles, sobre sus manías personales: unos barajan las cartas de una manera y otros de otra, algunos cortan la baraja una, tres o incluso siete veces y otros exigen un pequeño tapete de una determinada tonalidad o quieren tener junto a ellos agua, incienso y sal. Incluso hay quien no permite que se toquen las cartas más que durante la consulta para evitar contaminaciones vibratorias, ya que, como enseña el esoterismo, todas las cosas conservan durante largo tiempo una huella de quien las ha manejado. El día de la semana y la hora también tienen su repercusión: hay quien recomienda que no se haga ninguna consulta ni los martes ni los viernes o quien desaconseja hacerlas por la mañana, algunos las llevan a cabo rigurosamente por la noche y otros no se plantean problemas con el reloj. Pero independientemente del simbolismo de los colores y de los números, del tono del tapete o de la cantidad de veces que se corte la baraja, detalles que por otro lado siempre funcionan porque actúan reforzando con su simbología la asociación con otros símbolos, el ritual encierra una enorme potencialidad: relaja al cartomántico y lo conduce hacia las frecuencias de lo paranormal, suaviza la inevitable ansiedad de la persona consultante que se encuentra frente a su futuro, infunde seguridad psicológica y otorga a ambos un razonable lapso de tiempo que resulta muy útil para que se establezca una mutua sintonía. Una buena parte del secreto para acertar la previsión consiste sencillamente en fiarse de sí mismo, en creer en las capacidades propias y en tener mucha disposición hacia la persona consultante. Y, sobre todo, en ignorar ese miedo a equivocarse, a hacer el ridículo, ya que, precisamente en virtud de una irrefutable ley mágica, es muy probable que este temor acabe por transformarse en una antipática realidad.

EMPEZAR CON BUEN PIE

En primer lugar, para enfrentarse a la lectura de las cartas, deberá utilizarse una baraja que resulte personalmente atractiva y agradable, pero que al mismo tiempo sea fiel al simbolismo clásico, de modo que resulte más fácil y accesible, y pueda convertirse en algo propio. Para que esto suceda, hay que tenerla a menudo entre las manos impregnándola de las propias vibraciones y luego exponerla durante algunas noches a los rayos de la Luna creciente, el astro de la videncia.

Habrá llegado también el momento de estudiar los significados de cada una de las cartas, de asimilarlos, pero antes de consultar el texto que los resume y los codifica, se debe aprender a escuchar los mensajes de los arcanos, de uno en uno y en el silencio de la meditación. Sea cual sea el sistema que se prefiera seguir, la visualización, la meditación o la concatenación simbólica de ideas y recuerdos, lo esencial es acordarse siempre de anotar en un cuaderno todas las cosas que vengan a la memoria: las propias asociaciones mentales y las propias experiencias, a fin de crear un manual personal, construido sobre un lenguaje simbólico propio y sobre una particular sensibilidad.

Pero además de la creación de un bagaje simbólico individual, a las cartas del tarot también se les puede pedir algo infinitamente más valioso, una línea de conducta que se pueda seguir en cualquier situación, una respuesta válida para cualquier estímulo exterior que cada uno podrá encontrar sintetizada en la imagen de su propio arcano personal. Existen dos caminos para determinarlo: uno más intuitivo, basado en el encuentro espontáneo, en la simpatía, en la intuición fulgurante, como sucedía durante los ritos iniciáticos de los pieles rojas en busca de su tótem; y otro más técnico, matemático, fundado en la suma de las cifras que componen la fecha de nacimiento o que corresponden al valor numérico del nombre. Por ejemplo, un individuo nacido el 31 de marzo (3) de 1964 tendrá como arcano personal al Eremita, porque 3+1+3+1+9+6+4 da como resultado 27, y si se suman sus dos cifras para reducirlo a un número inferior a 22, es decir la cantidad total de arcanos mayores, se obtiene como resultado el 9, el número que corresponde a esta carta. En este caso, el camino a seguir será el indicado por el viejo sabio, que avanza con pasos lentos y con la máxima prudencia a lo largo del camino del saber. Si, además, a este arcano le queremos añadir otro, que se deducirá después de reducir en cifras también el nombre de la persona, que vamos a suponer que se llama Luisa Martínez, hay que sumar las cifras correspondientes a las distintas letras según las indicaciones de la tabla:

3(L)+3(U)+9(I)+1(S)+1(A)+4(M)+1(A)
+9(R)+2(T)+9(I)+5(N)+5(E)+8(Z) = 60

A = 1	J = 1	S = 1
B = 2	K = 2	T = 2
C = 3	L = 3	U = 3
D = 4	M = 4	V = 4
E = 5	N = 5	W = 5
F = 6	O = 6	X = 6
G = 7	P = 7	Y = 7
H = 8	Q = 8	Z = 8
I = 9	R = 9	

Puesto que sumando de nuevo 6+0 se obtiene 6, se tendrá como arcano personal el sexto de la serie, es decir, los Amantes, que siempre orienta hacia el arte y el amor a través de decisiones precisas y bien meditadas.

En cambio, los que tengan a la Fuerza como arcano personal deberán atenerse a una conducta decidida pero inteligente, mientras que los que tengan a la Torre habrán de evitar la ambición y los que tengan a la Luna temer la tentación de la mentira y, por el contrario, confiar en el don de la intuición.

Nunca se deberá olvidar que las cartas del tarot, por ser sustancialmente símbolos, números, energías y síntesis del camino sapiencial de todos los hombres, exigen que se las trate con gran respeto y que nunca se utilicen para jugar, para impresionar o para insistir en el vano intento de pretender cambiar un oráculo desagradable. Y mucho menos como una muleta, como una droga sin la que se es incapaz de vivir y de elegir. Porque si es verdad que la adivinación nos puede ayudar a sintonizar mejor con el universo y a comprender esas señales, esas misteriosas indicaciones que quizás antes pasaban inadvertidas, desde luego es absolutamente imprescindible aprender a no depender de ellas. Las cartas del tarot nos muestran el camino, nos orientan y nos incitan a crecer y a conocernos, pero no pueden hacerlo nunca por nosotros. Este esfuerzo, difícil pero emocionante, solamente nos corresponderá a nosotros.

LAS REGLAS DE LA CARTOMANCIA

La baraja

• Elegir entre las decenas y decenas de barajas que existen hoy en día en el mercado la que resulte más atractiva y de la que se aprecien especialmente el diseño, el formato y los colores.

• Para que la baraja se pueda considerar verdaderamente como tal bajo todos los puntos de vista, es necesario liberarla de los influjos vibratorios de otras personas, como el fabricante, el vendedor, etc., que, al manejarla, aunque sea por casualidad, de alguna forma la han impregnado.

En la consagración de la baraja se tiene que efectuar con Luna creciente o llena y si es posible en el periodo entre mayo y julio y en una noche de lunes. No se trata de limitaciones supersticiosas, sino de sugerencias derivadas de la observación astrológica que, al unir simbólicamente los signos del cielo con los acontecimientos terrestres, pone en contacto tanto a la Luna como a los días y a los meses consagrados a ella con todo lo que concierne a la esfera de la intuición y de la experiencia extrasensorial.

Después de haberse lavado las manos cuidadosamente, hay que extender sobre la mesa un paño blanco o violeta y colocar en las esquinas una vela, un bastoncito de incienso, un platito con sal y una taza llena de agua: los símbolos de los cuatro elementos cósmicos, fuego, aire, tierra y agua. A continuación hay que soplar sobre cada una de las setenta y ocho cartas, por delante y por detrás, para después pasar toda la baraja, ordenada según el orden numérico, primero por el humo del incienso y luego por encima de la llama de la vela. Una vez realizado todo esto, hay que extender todas las cartas en filas ordenadas y consagrarlas a los cuatro elementos pronunciando en voz alta la siguiente formula: «Yo (nombre y apellido), consagro y confío estas cartas al fuego, al aire, al agua y a la tierra para que representen el universo y expresen únicamente lo Verdadero». Después de volver a juntar la baraja, hay que dejarla expuesta directamente a la luz de la luna durante siete noches consecutivas (porque el siete es el número de la Luna). Para terminar, hay que guardarla en una bolsita de tela blanca junto con algún trozo de una planta o de un animal que esté relacionado a nivel simbólico con la Luna, que es el satélite de la videncia: conchas, alcanfor, hojas de malva o de lunaria, un juguete de plata, una perla. También resultará oportuno incluir en la bolsita una fotografía nuestra en la que conste el nombre, el apellido y la fecha de nacimiento; luego hay que envolverla en otro paño blanco o violeta, el color de Neptuno, y guardarla en el bolsillo durante el día y bajo la almohada por la noche durante otros siete días. Las cartas, envueltas de este modo, se deben guardar en una pequeña caja de madera o de cartón, evitando tajantemente el plástico y el metal, naturalmente con excepción de la plata.

• A partir del momento de la consagración, hay que tener cuidado de que nadie que no sea la persona consultante, y sólo en el momento de la consulta, ponga las manos, y por tanto sus vibraciones, sobre las cartas, que después de todas las operaciones anteriores han quedado libres de cualquier influencia externa.

• Al término de cada consulta, también para evitar contactos con posibles vibraciones, hay que acordarse de barajar, reordenar y desmagnetizar la baraja soplando encima de ella y pasándola repetidamente por el humo del incienso antes de volverla a guardar en su caja.

El cartomántico

• La práctica del arte de la cartomancia implica alcanzar una buena capacidad de relajación y de concentración, condiciones indispensables para sumergirse correctamente en Alfa, el estado mental más adecuado para la previsión y para la videncia.

En consecuencia, resultará oportuno practicar cada día realizando ejercicios de relajación, respiración, concentración o, si se prefiere, de yoga o de zen.

• La sensibilidad, la receptividad, la perspicacia y una memoria bien cultivada, prerrogativas irrenunciables para un aprendizaje correcto de la cartomancia, siempre deben ir unidas a una buena dosis de objetividad y a una actitud absolutamente neutral.

Si el cartomántico se hiciese cargo de los problemas de la persona consultante correría el riesgo de dejarse implicar emotivamente y de proyectar sus sentimientos sobre el oráculo, con lo cual este perdería todo su valor.

Por eso es aconsejable, al menos al principio, limitarse a las consultas de amigos y conocidos, dejando para más adelante las previsiones dirigidas a parientes cercanos o a personas con las que se está muy unido emotivamente.

• Del mismo modo, es preferible evitar consultarse a sí mismos, ya que se corre el riesgo de actuar a la defensiva y de forma poco objetiva con relación a las posibles previsiones no deseadas.

• Siempre hay que recordar que las cartas del tarot exigen, por parte de quien desea interrogarlas pero aún más de quien las interpreta, la máxima confianza, ya que de lo contrario permanecerán mudos como un libro cerrado.

• Es indispensable que cada uno aprenda a conocer sus propias cartas, y no sólo a través de la vista, intentando percibir todos sus detalles, todos sus secretos. Habrá que penetrar en cada carta tocándola, esforzándose por sentir sus colores c   o   n la yema de los dedos acariciando sus bordes. Y también visualizándola, reproduciendo mentalmente su imagen con los ojos cerrados o bien meditando sobre sus formas, sus particularidades, los detalles que aparecen, para poder entrar, como si se tratase de una puerta secreta, en conversación con el personaje alegórico que la representa: el Papa, la Justicia, el Ahorcado, el Mago…

• Prescindiendo de la presión de la persona consultante, nunca hay que consultar a los arcanos si se está cansado, turbado o deprimido. Las enfermedades, el malestar físico y psíquico, el estrés, la tensión o sencillamente una gran antipatía hacia la persona consultante pueden influir muy negativamente en el oráculo. También está absolutamente prohibido hacer una consulta con el estómago lleno o durante el periodo menstrual.

• Igualmente necesario es hacer que la persona consultante esté cómoda. Hay que tratarla con la distancia emocional debida pero también con cordial interés y reconfortante amabilidad. Sea cual fuese el oráculo de las cartas, dentro de lo posible, hay que evitar las mentiras, pero sin olvidarse nunca de contrapesar diplomáticamente una previsión poco alentadora ofreciendo a cambio un consejo, una alternativa o al menos una esperanza.

• En el caso de tener que hacer una consulta para una persona ausente, es necesario poseer una fotografía suya acompañada de sus datos personales o, como alternativa, un objeto con el que haya estado en contacto durante mucho tiempo, que habrá que mantener bajo la mano izquierda mientras se extraen las cartas para esa persona.

• Desde la Antigüedad, la consulta cartomántica está sujeta a una retribución económica, aunque sea mínima; retribución que asegura su seriedad y certifica su valor. Pero hasta que el cartomántico no domine suficientemente este arte, tendrá que considerar la consulta como una oportunidad de aprendizaje y no pensar en ningún tipo de compensación.

• En ningún caso se debe olvidar el compromiso de anonimato y la obligación de guardar silencio con relación a las delicadas situaciones privadas confiadas por la persona consultante. El santo y seña siempre tiene que ser la palabra *discreción*.

La persona consultante

• Ante todo, hay que tener siempre presente que la lectura de los arcanos no es un juego, una broma de salón, sino una búsqueda sutil fundada en el símbolo, una manifestación de los poderes paranormales de la predicción y de la videncia guiada por imágenes. El que se presta a leer las cartas, además de su tiempo, también invierte sus conocimientos esotéricos y sus energías parapsíquicas, a los que, como mínimo, se debe corresponder con confianza y con respeto.

• En ningún caso se debe abusar de la

cartomancia eligiéndola como el más importante apoyo de nuestra existencia. Por lo tanto, no habrá que buscar respuestas en las cartas con demasiada frecuencia si no se desea que se vacíe su simbolismo y lleguen a negarse a responder. Con relación a esta cuestión, es conveniente recordar que el destino no se puede cambiar atosigando a las cartas con insistentes y repetitivas consultas; si acaso, puede llegar a variar gracias a la voluntad, al autocontrol y a un uso inteligente de la magia. También hay que tener en cuenta que una consulta, con excepción de las preguntas que se refieren a un acontecimiento único de la vida, como un matrimonio, una licenciatura, el primer embarazo, etc., tiene una validez que varía de uno a tres años. Aun así, en los periodos más inestables de la vida, está permitido consultar el tarot con más frecuencia. Para las consultas enfocadas hacia cuestiones que todavía están desarrollándose también se tolera una mayor frecuencia, hasta tres o cuatro semanas entre una consulta y otra.

• Las preguntas siempre se tienen que formular de manera sencilla y correcta y que den lugar a una sola respuesta. Por ello, es preciso concentrarse sobre ellas con mucha calma y no insistir en aquellas cuestiones a las que las cartas ya han proporcionado un oráculo, ya sea favorable o infausto.

• Durante toda la duración de la consulta no hay que cruzar ni las piernas ni los brazos. No deben llevarse joyas metálicas cerradas, como anillos, collares o brazaletes, porque debido a su forma particular tienden a bloquear el flujo de la energía.

• La persona consultante tiene que plantearle sus problemas al cartomántico con absoluta sinceridad, sin caer en el error de mentirle o de someterlo a estúpidas trampas para comprobar su valía.

El ritual

• El ritual, aunque no es indispensable, puede resultar muy valioso para desencadenar las facultades extrasensoriales del cartomántico: en la práctica, atenerse a un ritual significa elegir de un conjunto de asociaciones simbólicas establecidas entre todos los elementos del cosmos, los instrumentos, el lugar y los momentos más adecuados para el objetivo prefijado. Más concretamente, el ritual construido deliberadamente para favorecer la lectura de las cartas prevé, siempre según el sistema de las asociaciones, la atracción de las energías lunares favorables para la videncia.

Existen reglas precisas que establecen cuándo, dónde y cómo consultar, pero que, aunque pueden apoyar de manera notable las dotes naturales del adivino, no aseguran el buen resultado de la lectura si no se siguen al pie de la letra.

Cuándo: naturalmente, la reina es la noche, ya que durante ella la Luna se muestra en todo su esplendor, sobre todo los días de plenilunio. En especial, y sobre todo para las consultas de una cierta importancia, la tradición aconseja los días de plenilunio de diciembre y enero, de abril y mayo y de agosto y septiembre, durante los cuales la Luna se halla en los signos zodiacales de agua, que es su elemento natural.

Los meses de verano en general también resultan favorables, por ejemplo para la consagración de la baraja, pero en especial mayo, junio y julio y las noches de equinoccio y de solsticio. Por supuesto, el día preferido sigue siendo el lunes, que ya fue consagrado a la Luna por los antiguos, pero el miércoles y el viernes también se aceptan, especialmente para las consultas que se refieren a los negocios y al amor.

En cambio, los sábados, los domingos y todos los días festivos siempre resultan problemáticos.

Además, hay que evitar hacer consultas por la mañana y sobre todo al mediodía, cuando el sol es demasiado intenso; por el contrario, el final de la tarde resulta muy adecuada, y mucho más la noche. En cualquier caso, hay que excluir los días de frío intenso, de tormenta o de fuerte viento.

Dónde: confusión, ruido y luces bruscas siempre resultan un elemento molesto.

Sin embargo, el enemigo número uno de la videncia sigue siendo el humo, que atasca los sutiles centros energéticos y nubla las facultades extrasensoriales.

Por eso será necesario dar preferencia a la tranquilidad, a la penumbra y a un ambiente silencioso y recogido, incluso si es al aire libre. La música y un bastoncito de incienso, que estimula las sensaciones más sutiles, también ofrecen un buen apoyo. Todavía mejor si se sintoniza el ambiente a las frecuencias lunares eligiendo, tanto para la vestimenta como para la decoración, colores claros como el blanco, el gris perla o el verde muy claro y, quizá, también *lunatizando* el ambiente con materiales ligados simbólicamente a nuestro satélite: alcanfor, malva, conchas o plata.

Para las consultas que requieren un mayor esfuerzo no hay que olvidarse de colocar en los cuatro lados de la mesa los símbolos de los cuatro elementos cósmicos: agua, sal, incienso y una vela encendida.

La mesa siempre tendrá que estar orientada hacia el norte y tendremos que hacer que la persona consultante se siente frente a nosotros o a nuestro lado, de modo que podamos mirarle a los ojos o tocarle la mano durante algunos instantes para promover un mejor intercambio de vibraciones y una recíproca corriente de simpatía.

Cómo: la lectura de las cartas se tiene que reservar tajantemente a los momentos de total bienestar psicofísico. Nada de consultas, por tanto, cuando no se está suficientemente relajados y tranquilos durante la digestión o en el periodo menstrual.

Hay que elegir una vestimenta cómoda de color claro y descartar a priori los tejidos sintéticos, ya que bloquean el flujo energético.

Por la misma razón, el calzado debe tener exclusivamente suelas naturales, preferiblemente de cuero, cuerda o corcho.

El juego

• El caos es la oscura condición que el mito griego impone como necesaria para anticiparse al orden de la creación. En un plano exquisitamente simbólico, la disposición de las cartas en un juego adivinatorio, en un cierto sentido, equivale a una recreación simbólica del microcosmos de la persona consultante, es decir de su ambiente y de su realidad personal, con todos los aspectos positivos y negativos que implica.

Un buen método para la disposición de la baraja consiste en dirigirse directamente a las cartas, situándose, tal y como exige la tradición, con la cara hacia el norte para que acepten hablar y revelar la verdad sobre la situación de la persona consultante. Luego hay que seguir entregándole la baraja, ordenada según la secuencia natural de las cartas, para que pueda desparramarlas sobre la mesa, es decir reconstruir el caos que antecede a la creación, mezclándola en el sentido de las agujas del reloj.

Naturalmente, para realizar esta operación se debe preferir la mano izquierda, la mano del corazón, la más receptiva e influenciada por el poder femenino de la Luna. A continuación hay que recomponer la baraja, mezclando de nuevo las cartas siete veces seguidas en honor de los siete planetas venerados por la tradición antigua, y hacer que la persona consultante repita el mismo procedimiento paso a paso prestando atención a que mantenga la baraja entre las manos durante algunos instantes para que la impregne mejor de su influencia. Entonces, después de haberla cortado, de nuevo rigurosamente con la izquierda, la persona consultante tendrá que buscar entre las cartas, que deberán estar boca abajo y dispuestas en abanico, rozándolas ligeramente con las yemas de los dedos de forma que pueda sentirlas y dejarse atraer por las que percibe que están más cargadas, más cercanas a su situación existencial particular.

• Las cartas siempre se deben leer en el sentido del cartomántico y de izquierda a derecha.

• Las cartas que se escapan involuntariamente de la baraja merecen una especial atención, ya que, al preceder o alterar la elección de la persona consultante, constituyen por sí mismas un oráculo.

• Por último, las cartas elegidas se tienen que colocar según el esquema indicado por el juego y respetando el número que este requiere.

De hecho, el juego adivinatorio no representa nada más que un apoyo, un artificio en el que se hace más cómodo colocar los significados simbólicos de cada carta, una especie de pequeño mundo cerrado, un espacio geométrico perfectamente definido según el orden dictado por la lección de los antiguos: arriba el espíritu, abajo la materia, a la derecha el pro, a la izquierda el contra.

La tradición nos ha transmitido centenares de juegos de los más distintos países y épocas y de diferente dificultad, pero, al menos al principio, sin duda es preferible limitarse a los más sencillos, los que requieren pocas cartas y a las que les atribuyen un significado muy concreto en función de la posición que ocupan.

La cuestión del derecho y del revés

• Si bien algunos cartománticos prefieren leer las cartas del tarot colocándolas del derecho, hoy en día prevalece el uso de los naipes tanto del derecho como del revés, para lo cual se marcan los arcanos menores, que se pueden leer igual en los dos sentidos, con una pequeña señal en la esquina superior izquierda que determina su sentido. Pero el significado de las cartas invertidas no es, tal y como muchos piensan, completamente negativo. La inversión de la carta señala más bien una inversión o una atenuación y, en cualquier caso, una modificación de la perspectiva de la situación, que, cuando se trata de cartas muy *pesadas* como el Diablo, la Torre o la Muerte, se resuelve en un ligero cambio, más bien positivo que negativo. También hay que tener en cuenta que el significado de cada una de las cartas nunca está determinado únicamente por el sentido de la carta, sino que, de manera especial para los arcanos mayores, también depende de la buena o mala posición que ocupen en el orden espacial del juego y de las combinaciones con las cartas cercanas, que refuerzan o debilitan el significado original. Por eso, la lectura del juego se debe realizar globalmente, sin centrarse sobre una carta en particular sino sirviéndose de una mirada conjunta que englobe todos los factores: sentido, posición y vínculos con las cartas cercanas.

Las cartas y el tiempo

En los arcanos mayores, el día de la semana y el periodo del año en el que se producirá el acontecimiento que se está prediciendo están indicados por la correspondencia de cada uno de ellos con uno o más signos del zodiaco, planetas, estaciones del año y días de la semana. Por lo que se refiere a los arcanos menores, según la tradición cada uno de ellos está relacionado con un periodo de tiempo de tres a siete días y se cuenta a partir del as de bastos, que corresponde al principio del año zodiacal, es decir al equinoccio de primavera (21 de marzo). En cambio, para determinar el año en el que se producirá el acontecimiento es necesario adoptar algunas convenciones: el año en el que se realiza la consulta corresponderá al arcano n. 0, el Loco, el siguiente al n. 1, el Mago, y así sucesivamente hasta veintidós años consecutivos, es decir el número total de arcanos mayores.

Como alternativa más sencilla e inmediata, también se puede hacer uso del «oráculo del sí y del no» (véase la página 142). Se trata de preguntar a las cartas si el acontecimiento presagiado ocurrirá en el año en curso y, en caso de que la respuesta sea negativa, seguir preguntando por orden: ¿sucederá el año próximo?, ¿dentro de dos?, ¿dentro de tres?, y así hasta que se produzca una respuesta afirmativa de las cartas.

La consulta

• Después de que la persona consultante se haya acomodado, hay que poner en marcha, siempre con mucho tacto, un breve diálogo informativo sobre sus condiciones actuales y los problemas que le han llevado a la consulta. Además de hacer que se sienta cómoda, tal y como indica la célebre cartomántica Mademoiselle Lenormand, este pequeño trámite permitirá concentrarse mejor en los símbolos de las cartas que se van a extraer a continuación, adaptándolos sin errores a la situación objetiva de quien nos consulta.

• A continuación hay que barajar las cartas con las manos muy limpias y dársela a la persona consultante para que también la baraje. Desde este modo se recrea simbólicamente el caos original.

• Luego hay que colocar la baraja en abanico y con las cartas boca abajo e invitar a la persona consultante a que extraiga el número de cartas establecido por el juego.

• En este momento es indispensable haber alcanzado un estado de total relajación: por eso hay que cerrar los ojos durante algunos instantes y concentrarse en el color azul, que siempre resulta tranquilizador, o bien en la imagen de un sol brillante e inmóvil frente a nuestra pantalla mental.

• Entonces hay que darle la vuelta a las cartas, deteniéndose a analizarlas, primero una por una y después en su conjunto, prestando especial atención a la posición que ocupan en el juego, a si están situadas del derecho o del revés y a la combinación con las más cercanas.

Para entrar en el estado de conciencia adecuado, será necesario dejarse ir suavemente, sin preocuparse en absoluto de la racionalidad y de la inteligibilidad del discurso, ya que esto es algo que normalmente tiende a desviar la percepción extrasensorial, abandonándose al correr de las imágenes y al fluir de las ideas, a las asociaciones mentales evocadas misteriosamente por el simbolismo de las cartas.

Solamente en este momento los que estén en condiciones de *escucharse* advertirán dentro de sí mismos una especie de *clic* interior, como si de improviso hubiesen atravesado un umbral y descubriesen, sólo en ese momento, que han penetrado realmente en el ánimo de la persona consultante. También en estos instantes, lo esencial es mantener una actitud equilibrada, lejos tanto de un excesivo entusiasmo como de un inútil desaliento en caso de que, de repente, nos sintamos inseguros o bloqueados.

El oráculo, que sólo debe formularse cuando se siente que se está preparado, es decir cuando el significado del juego aparece totalmente claro, tiene que resultar firme pero delicado, sincero pero siempre expresado con tacto y con gran sensibilidad.

En cualquier caso, no hay que sobrepasar el límite de cuatro o cinco juegos, de los cuales uno será general y los otros particulares, ya que resultan más que suficientes para un juego de calibre medio.

• Al concluir la sesión hay que enjuagarse abundantemente las manos y no olvidarse de volver a ordenar y purificar la baraja en el incienso antes de volver a colocarla en su caja.

ANÁLISIS DE LOS ARCANOS MAYORES

I – EL MAGO

El tarot italiano representa el simbolismo activo, tan operativo como entusiasta, del primer arcano: el zapatero remendón optimista y satisfecho de su trabajo. El joven, en pie frente a la mesita, eleva el vaso en un emblemático brindis y, en realidad, ese vaso representa la copa, el instrumento mágico del saber. El Mago es un joven iniciado en la magia que, en la mano izquierda, sujeta el bastón de mando mientras que con la derecha señala los instrumentos de su misterioso poder creativo: el cuchillo, emblema del coraje, la copa, emblema de la sabiduría, y las monedas, emblema del silencio. Lleva ropa variopinta en la que sin embargo predomina el rojo, el color de la actividad, de la energía, del impulso juvenil, mientras que el curioso sombrero, en forma de ocho invertido, alude al infinito.

En síntesis, representa el acercamiento al conocimiento típicamente occidental, obtenido a través de una progresiva expansión de sus propios horizontes por medio de la búsqueda y de la experimentación dirigidas hacia fuera de sí mismos.

Significados positivos: iniciativa, diplomacia, habilidad, entusiasmo, audacia, novedad, progreso, inicio de una relación, conquista, búsqueda, estudio, buenas posibilidades de éxito, óptima salud, vitalidad, resistencia al esfuerzo. Un hombre joven, un cartomántico, un orador, el novio, el amante, una persona libre e independiente.

Significados negativos: ilusión, indecisión, error, engaño, frustración, falta de voluntad, pereza, miedos; violencia, imprudencia, ambición desenfrenada, impaciencia, discordia, inicio desfavorable de una empresa, fin de una relación, impedimentos para el éxito de distinta naturaleza. Peligros derivados de armas, heridas, fiebres, jaquecas, molestias en la vista.

Un embaucador, un mentiroso, un intrigante, un individuo negativo.

Lugares: calles, plazas, estadios, pistas, campos de deporte.

Tiempos: mañanas, primavera, abril, martes, miércoles, signo zodiacal de Aries.

El consejo del arcano: déjese llevar por el impulso y decídase. No malgaste el tiempo.

II – LA PAPISA

Silenciosa e hierática, impenetrable, la Papisa es la sacerdotisa del misterio, Isis, la diosa lunar nocturna que custodia los secretos del templo. Viste un manto rojo y amarillo sobre un hábito blanco: los colores del fuego y del agua. La cabeza, resguardada por un paño, indica el misterio que se esconde bajo la apariencia fenoménica; por su parte, la triple corona alude al señorío sobre los tres mundos: físico, mental y espiritual.

Cómplice e instrumento de su secreto poder es el saber, encerrado en el libro del destino que mantiene abierto sobre las rodillas y que es la síntesis del conocimiento secreto de todas las épocas y de todas las culturas.

En el templo, donde reina la contraposición de los colores complementarios, aquí el rojo y el verde, en el simbolismo tradicional el blanco y el negro, tiene lugar la coincidencia de los opuestos.

Históricamente, la figura de la sacerdotisa del templo se vincula a la leyenda de la Papisa Juana, que llegó al trono pontificio mediante engaño y que luego fue depuesta y asesinada.

Significados positivos: fecundidad, paciencia, fidelidad, silencio; espera llena de frutos, conclusión positiva de una cuestión, conquista espiritual, paz, armonía, sabiduría, inspiración, buenos consejos, influencia benéfica sobre los otros.

Una relación afectiva serena y constructiva, amor maternal, máximo esfuerzo en el estudio, equilibrio psicofísico.

Una mujer madura, una sabia consejera, la madre, la tía, la hermana, una colaboradora profesional.

Significados negativos: secretos, contratiempos, fastidios, peligros escondidos, superficialidad, pereza, ignorancia, presunción, equivocaciones venganza, remordimiento, crisis afectiva, traición, contrastes entre mujeres, pérdida financiera, obesidad, molestias endocrinas, una rival, una cotilla de humor variable.

Lugares: el ambiente en el que se vive.

Tiempos: lunes, mayo, junio, signos de Tauro y de Cáncer.

El consejo del arcano: medite sobre su proyecto y confíe en sus capacidades.

III – LA EMPERATRIZ

Es la Virgen de los cristianos, la Venus Urania de los Griegos, la Inteligencia creadora de las ideas. Las doce estrellas del zodiaco, sustituidas en nuestra baraja por gotas o plumas, enmarcan su gracioso rostro, que tiene una expresión sonriente pero atenta. La emperatriz viste de verde y de rojo, respectivamente los colores de la sabiduría y de la acción; con una mano sujeta el escudo adornado con el águila de dos cabezas, y con la otra estrecha el cetro, emblema del poder creativo y del éxito en el plano mental.

Significados positivos: inteligencia, lucidez, claridad en los proyectos, estudio, dinamismo, firmeza, belleza, simpatía, encanto, armonía interior, triunfo de la feminidad, desarrollo, progreso, protección por parte de una mujer, suerte, consejos válidos, certeza, alegría, coloquio importante, carta, noticia. Un encuentro determinante en el aspecto afectivo, un matrimonio feliz, prole, promoción, diploma, arte, música, bienestar material, salud, fuerza física, fecundidad, embarazo deseado.

La mujer, la hermana, una estudiante, una buena consejera, hijos, nietos.

Significados negativos: estupidez, ignorancia, errores, vanidad, falsedad, adulaciones, egoísmo, mezquindad, actos desaconsejados, deseos desatendidos, cansancio, apatía, indecisión, habladurías, infidelidad, crisis afectiva, problemas de comunicación de pareja, embarazo no deseado, fracaso en los exámenes y en los proyectos, pérdida de bienes materiales, agotamiento, aborto, patologías de la piel, del pecho, del intestino y de los pulmones. Una persona infiel y falsa.

Lugares: colegios, bibliotecas, universidades, institutos femeninos.

Tiempos: plena primavera y pleno verano, viernes, domingo, signo de Géminis.

El consejo del arcano: tendrá suerte si evita la indecisión y la pereza. Básese en la racionalidad y en el conocimiento.

IIII – EL EMPERADOR

El Emperador es el gobernador de este mundo, de las cosas materiales y concretas, simbolizadas por el sólido trono sobre el que está sentado; pero el cetro, sujetado con la mano derecha, y sobre todo el águila, que sostiene el brazo del trono, aluden al dominio del alma. El emperador no es un déspota, sino un monarca fuerte y ecuánime, inspirado en ideales sublimes. Simboliza la energía masculina, sólida, constructiva y consciente de su propia autoridad: el poder que ejerce sobre la materia. La imagen se completa con la forma rectangular del trono, que con las dos pequeñas columnas alude a la estabilidad y a la enclothterza: no hay más que pensar en el simbolismo del número cuatro, las estaciones, los evangelistas, los elementos cósmicos.

Significados positivos: autoridad, fuerza, firmeza, voluntad, equilibrio, madurez interior, sentido práctico, legalidad, rigor, benevolencia, situación bien definida, acontecimientos felices, realización de un proyecto, victoria legal, matrimonio, paternidad. Una sólida amistad, iniciativas afortunadas, conquistas, buenas noticias, estudios superiores, viajes, exámenes, concursos, herencia, bienestar, adquisición de inmuebles.

Un hombre serio y leal, el padre, el tío, el marido, una persona importante, madura, un extranjero, un estudioso, un protector influyente.

Significados negativos: llamada a la obediencia, rechazo a la autoridad, inmadurez, debilidad, obstáculos, pereza, indecisión, crueldad, tiranía, egoísmo, avaricia, proyectos infundados, protección ineficaz, unión poco sólida, pérdidas comerciales, peligros para el cuerpo, enfermedades del hígado, del bazo y de los vasos sanguíneos.

Un adversario temible, una persona brutal y tiránica.

Lugares: el extranjero, tierras lejanas.

Tiempos: domingo y jueves, pleno verano, signo de Leo.

El consejo del arcano: busque el apoyo de una persona influyente.

V – EL PAPA

Como la Papisa, el Papa también viste un atuendo blanco, color de la sabiduría y del espíritu; de hecho, el significado simbólico de esta carta está totalmente centrado en la autoridad espiritual, en la sabiduría y en los buenos consejos. El Papa se dirige a unos penitentes que tienen mentalidades contrapuestas y su tarea consiste precisamente en esto: conciliar los opuestos y hacer que las verdades más ocultas sean accesibles para las personas sencillas.

En la cabeza lleva la triple corona que alude al discernimiento de las verdades abstractas y en la mano el cetro marcado con los símbolos planetarios, emblema del poder espiritual. El hecho de que el pontífice lleve guantes, costumbre típicamente medieval, excluye que el origen del tarot sea anterior al siglo X.

Significados positivos: ayuda, benevolencia, protección, consuelo de un sufrimiento, evolución, intuición, solución de un problema. Discreción, diplomacia, sabiduría, respuesta afirmativa a la pregunta, amor fiel, matrimonio sereno, apogeo de la carrera, estudios profundos, vocación religiosa, escritos, viajes, acciones diplomáticas, vuelve la buena salud, alivio en lo que se refiere a enfermedades crónicas.

Una persona madura y disponible, un marido protector, un padre, un abuelo, un confesor, un guía, un médico, un juez que no se equivoca.

Significados negativos: actos ruines, falta de fe, rencor, calumnia, intrigas, obstáculos, esfuerzo insuficiente, pereza, intolerancia, susceptibilidad, una ayuda que no llega, malos propósitos, fanatismo, renuncia, graves incomprensiones de pareja, estancamiento en la carrera, alteraciones del sistema nervioso y de las vías respiratorias, un enemigo escondido.

Lugares: iglesias, bibliotecas, editoriales.

Tiempos: jueves, finales de la primavera y del verano, signo de Sagitario.

El consejo del arcano: opóngase a una tentación y siga los consejos de una persona anciana y sabia.

VI – LOS AMANTES

El arcano está inspirado en una escena mitológica: el joven Hércules que, después de haber completado su educación, se encuentra frente a la decisión sobre su futura existencia. Encontrándose en esta importante situación, se le aparecen dos jóvenes mujeres, la virtud y la indolencia, la primera vestida humildemente y la segunda elegantemente engalanada, que le prometen direcciones y ventajas opuestas.

Desde arriba, el dios Eros vigila la situación, preparado para lanzar la flecha y favorecer la elección entre el bien y el mal, entre el vicio y la virtud.

Significados positivos: hallazgo del alma gemela, enamoramiento, proyectos matrimoniales, fidelidad, nobleza, una decisión determinante en el campo afectivo, amistad, altruismo, arte, belleza, afinidad, fecundidad física y espiritual, exámenes superados, buenas cosechas agrícolas, alianzas útiles, recuperación de la salud gracias a una dieta apropiada.

Un joven enamorado, un pariente, un arquitecto, un químico, un farmacéutico, un enfermero, niños, animales domésticos.

Significados negativos: engaños, tentaciones, encuentros negativos para el futuro, conflictos, dudas, indecisiones, deseos insatisfechos, inestabilidad, insatisfacción, obstáculos, fracaso en un examen, sexualidad desordenada, separación, soltería, noviazgo aplazado, sacrificio, frialdad, egoísmo, celos, proyectos alocados, negocios suspendidos, depresión, peligro de enfermedad o accidente, esterilidad, problemas en el intestino, en los riñones, en el pecho y en la garganta.

Lugares: clínicas, hospitales, laboratorios de análisis.

Tiempos: miércoles, septiembre, signos de Tauro, Géminis y Libra.

El consejo del arcano: el camino más difícil resultará ser el mejor.

VII – EL CARRO

Es el carro del triunfador, emblema de la victoria y de la realeza, el vehículo rectangular, vinculado también a la realización material, sobre el que el monarca victorioso recorre el mundo. Guía con seguridad el carruaje tirado por dos caballos, mirando siempre hacia delante. La imagen, el rey más dos caballos, nos sugiere la idea del triángulo, el tres, número que si se suma al de las columnas que sostienen el baldaquino (cuatro), da siete, número mágico por excelencia. En efecto, el siete se considera el número de la perfección y de la plenitud, porque siete son los planetas que conocía la astrología antigua, siete los colores, las notas musicales y los días de la semana durante los cuales Dios llevó a cabo la creación.

Significados positivos: autocontrol, fe en uno mismo, proyectos realizables, superación de dificultades, dinamismo, fortuna, voluntad, entusiasmo, coraje, ayudas inesperadas, influencia sobre los demás, uniones favorables, matrimonio, reconciliaciones, viajes afortunados, deportes, estudio de lenguas y filosofías antiguas, grandes negocios, expediciones, contratos importantes, buena salud, longevidad.

Un extranjero, una personalidad destacada, la pareja, el socio, el hermano, el amigo, una persona madura.

Significados negativos: necesidad de lucha, esfuerzos, obstáculos, proyectos destinados a fracasar, ayudas que no llegan, elecciones peligrosas, ambición desenfrenada, falta de conclusión, desorden, límites personales, venganza, conflictos, fuga de la realidad, rebeldía violenta, ruptura, infelicidad afectiva, problemas profesionales, viajes aplazados, inversiones desproporcionadas, deudas, accidentes, mala salud.

Lugares: el extranjero, campos de deporte, calles.

Tiempos: martes, jueves, diciembre, signo de Sagitario.

El consejo del arcano: luche con valor y siendo consciente de sus derechos.

VIII - LA JUSTICIA

Vinculado simbólicamente con Astrea, la virgen del zodiaco, el ángel de la Justicia tiene la cabeza adornada con la corona que alude al rigor de la ley; en la mano derecha tiene la espada de la fatalidad cuya finalidad es la recuperación del equilibrio roto. Por su parte, la balanza, que el ángel sujeta con la mano izquierda, pesa y cuantifica los errores cometidos. Por tanto, esta carta representa el equilibrio del bien y del mal, de la luz y de la oscuridad y el triunfo incontestable de la verdad, incluso cuando se trata de una verdad desagradable.

Significados positivos: paz, justicia, armonía, estabilidad, rigor, disciplina, respeto de las tradiciones, método, organización, necesidad de amoldarse a las obligaciones sociales, compensación, premio, recompensa, resarcimiento público, éxito legal, diplomacia, política, realización asegurada aunque pase bastante tiempo, retraso positivo; el resultado, sea cual sea, resultará favorable. Matrimonio, armonía en la pareja, embarazo deseado, liberación de un vínculo agobiante, contrato de trabajo, estudios bien encaminados, adquisición de inmuebles, herencia, aumentos de sueldo, buenas cosechas.

La pareja, un matrimonio.

Significados negativos: causa legal, litigios, complicaciones judiciales, intolerancia, condena injusta, abusos, retrasos, dificultades, indecisión, incertidumbre, hurto, engaño, desarreglo, excesos, una gran desilusión, divorcio, exámenes suspendidos, deudas, patología del sistema urinario, caries, asma, reumatismo.

Lugares: campos, huertos, tribunales.

Tiempos: viernes, noche, otoño, octubre, signo de Libra.

El consejo del arcano: actúe siguiendo la justicia, no discuta el destino.

VIIII – EL ERMITAÑO

El Ermitaño es el viejo sabio que basa el porvenir en el conocimiento del pasado y que avanza con paso lento, en absoluta soledad y apoyándose en un bastón rugoso. Con la mano derecha sostiene la linterna que le ilumina el camino, pero que él mismo cubre parcialmente con la palma de la mano para no herir los ojos del caminante que no esté acostumbrado a la luz del saber. Viste una capa oscura sobre un atuendo claro, símbolos de la tierra y del aire; esta última prenda aparece más cuidada que la capa: una alusión evidente a la prioridad de la riqueza del corazón sobre la material. En las barajas más antiguas, en lugar de la linterna aparecía una clepsidra, símbolo del tiempo y de Saturno, el dios que lo gobierna.

Significados positivos: todo lo que es sólido, profundo y secreto. Sabiduría, prudencia, constancia, concentración, método, ascetismo, aislamiento, silencio, importantes secretos que sólo hay que revelar a los que sean realmente dignos de ellos, protección oculta, un intervalo repleto de cambios, desarrollo lento pero seguro, fenómenos paranormales, relaciones afectivas sólidas, investigaciones, estudios profundos, frugalidad, reestructuración de inmuebles, curación obtenida gracias a la medicina alternativa, longevidad.

Una persona anciana y en la que se puede confiar.

Significados negativos: inercia, lentitud, retraso, mala suerte, obstáculos, quiebra debida a la impaciencia, estancamiento, inactividad, regresión, excesiva timidez, desconfianza, tristeza, frialdad, obstinación, confianza defraudada, egoísmo, engaños, persecuciones, abandono o viudedad, falta de armonía en la pareja, soledad, trabajo mal retribuido, pobreza, pérdida, enfermedad crónica, reumatismo, artrosis, ayudas rechazadas.

Lugares: grutas, cementerios, ruinas, cárceles.

Tiempos: sábado, invierno, diciembre, signos de Virgo y de Capricornio.

El consejo del arcano: tómese su tiempo y reflexione antes de actuar.

X – LA RUEDA DE LA FORTUNA

La rueda es el símbolo de la existencia, del movimiento alterno de la fortuna, de la suma de los movimientos de los que se origina la vida. Encima de la rueda, en un trono, se halla la victoria alada, que representa la meta alcanzada, la estabilidad contrapuesta al eterno fluir de las cosas, obtenida, por un lado, gracias al esfuerzo y por otro a la fortuna, simbolizados por la rueca y la cornucopia que tiene en las manos. Los colores complementarios de la ropa, el rojo y el verde, son, respectivamente, los símbolos del fuego y del agua, del hombre y de la mujer, del día y de la noche, es decir de las fases alternas del destino. El simbolismo tradicional sitúa encima de la rueda a la enigmática esfinge, que representa el elemento fijo, contrapuesto al movimiento alternado de dos personajes misteriosos: Hermes, que sujeta el caduceo y el monstruo Tifón, armado con un tridente.

Significados positivos: cambio imprevisto y feliz, novedad, destino propicio, circunstancias favorables a la pregunta, desbloqueo de una situación, posibilidad que se debe aprovechar en el momento justo, progreso para quien lo merece, caída para quien está equivocado, dinamismo, ambición, ayudas inesperadas, protección celestial, respuesta afirmativa a la pregunta de la persona consultante, esfuerzos premiados, boda feliz, promoción, progreso profesional, viajes, política, agricultura, ganancias, transacciones comerciales favorables, autocuración, bienestar. Una persona anciana.

Significados negativos: influjos exteriores negativos, ventajas no duraderas, suerte inestable, altos y bajos, sorpresas desagradables, obstáculos, ocasiones esfumadas, retraso, estancamiento, riesgo inútil, frivolidad, hurto, engaño, una desgracia repentina, inestabilidad afectiva, crisis, declive profesional, precariedad, pérdidas, ansia, estrés, molestias circulatorias, mala suerte.

Lugares: terrenos, montañas, minas, institutos geriátricos.

Tiempos: sábado, invierno, enero, signos de Virgo, Escorpión y Capricornio.

Los consejos del arcano: aproveche el momento presente.

XI – LA FUERZA

La mujer, que amansa sin esfuerzo al león, muestra cómo la fuerza inteligente siempre triunfa sobre la bruta. El camino que hay que seguir es el control de las pasiones, el sometimiento de las energías instintivas al dominio de la mente. En el decimoprimer arcano, esta fuerza espiritual la exhibe la chica vestida de rojo y verde en el momento de amansar sin descomponerse al león devorador, a la fiera, símbolo del arrebato y de la vehemencia. La energía animal, el instinto que tienen todos los hombres, no debe apagarse, sino que hay que encauzarla juiciosamente y utilizar su inmenso poder transformando, sin destruirlo, lo que es ruin y brutal en energía espiritual y elevada.

Significados positivos: voluntad, resistencia, energía, magnetismo, valor que roza la temeridad, combatividad, ambición, fe en sí mismo, convicción, autocontrol, generosidad, sinceridad, actividad intensa, victoria fácil, dificultades superadas, realizaciones, conquistas, deseos satisfechos, causas ganadas, heroísmo, celebridad, protección divina, fidelidad en los sentimientos, trabajo en equipo, nuevos gestiones, éxitos comerciales, juego de azar, buena salud.

Significados negativos: prevaricación, abuso de la confianza, peligro de daños físicos y morales, debilidad, derrota, obstáculos insuperables, desgracias, falta de iniciativa y de racionalidad, crueldad, egoís-mo, soberbia, arrogancia, impulsividad, abuso de poder, tiranía, ignorancia, arribismo, relaciones posesivas, testarudez, desocupación, conflictos de interés, enfermedades, esterilidad, patologías de la nariz, de los ojos, del corazón y de la columna, heridas, hemorragias, incendios, sequía.

Lugares: teatros, escenarios, castillos, parques, países cálidos.

Tiempos: domingo, agosto, signos de Aries y Leo.

El consejo del arcano: actúe solo, desconfíe del apoyo de los poderosos.

XII – EL AHORCADO

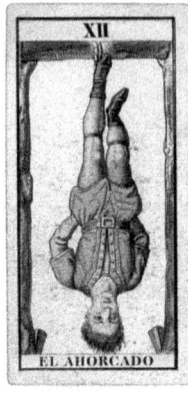

El ahorcado, colgado a una viga de madera por el tobillo izquierdo tal y como prescribía la costumbre medieval para los deudores, hace reflexionar sobre el inevitable sufrimiento que siempre acompaña a la experiencia, la impotencia contra las dificultades, la necesidad de aceptar las limitaciones y el sacrificio en espera de tiempos mejores. El dolor es el obligado paso iniciático para los que aspiran al conocimiento: no se puede obtener nada que sea importante y duradero sin la espera y sin dar todo lo que se tiene. En la figura, el cuerpo se presenta inactivo, precisamente para subrayar cómo el alma, cuando ya se ha liberado, huye de la realidad de la materia dirigiéndose hacia horizontes trascendentes.

Significados positivos: capacidad de adaptación, aceptación, disciplina, prudencia, dedicación, fe, caridad, religiosidad, desinterés hacia la materia, mejora, cambio radical, acontecimientos que sólo son negativos en apariencia, liberación, misión, ideales alcanzados, arrepentimiento, obtención de perdón, descanso, renuncia o espera, sacrificio que hay que aceptar, precio que hay que pagar, un proyecto en el que se debe trabajar, una situación confusa, actos ocultos, condiciones de médium, unión duradera y fiel pero poco apasionada, separación temporal y necesaria, estudios relacionados con el arte y la psicología, curación.

Significados negativos: periodo difícil, preocupación, remordimientos, ocasiones perdidas, dudas, experiencias dolorosas, tristeza, aburrimiento, desilusión, soledad, derrota, engaños, egoísmo, obstáculos para los cambios, desorden, droga, alcohol, amor no correspondido, separación, vínculos secretos, desocupación, falta de apoyos, pérdidas, estrecheces económicas, accidente, enfermedad grave, intervención quirúrgica, aborto, alteraciones psicológicas, suicidio.

Lugares: hospitales, iglesias, cárceles, lugares cercanos al agua.

Tiempos: sábado, final del invierno, signo de Piscis.

El consejo del arcano: tiene que saber esperar, pero haga valer sus derechos.

XIII – LA MUERTE

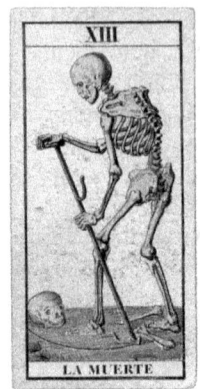

La muerte es la condición necesaria para la resurrección: se muere en el estado profano y se supera el paso iniciático para vivir mejor, inmersos en una nueva condición de carácter sagrado. Tradicionalmente se representa a la muerte con un esqueleto, pero los huesos aparecen pintados de color carne para simbolizar todo lo que es sensitivo y humano. Empuña la guadaña y se ve el fruto de su trabajo; sin embargo, la cabeza todavía está caracterizada por su expresión primitiva: nada muere definitivamente, todo se transforma.

Significados positivos: fuerza mayor, movimiento imparable de los acontecimientos, renovación beneficiosa, comienzo de una nueva época, nuevos proyectos, transformación radical, evolución inesperada, lección útil extraída de una derrota, melancolía transitoria, consolidación, iniciación oculta, fin beneficioso de una relación, progreso, un nuevo amor, soledad temporal, empresa que finalmente se ha llevado a término, cambio de residencia o de empleo, herencia, salvación de la muerte o de la ruina, convalecencia después de una intervención quirúrgica.

Un solitario, un buscador.

Significados negativos: desilusión, dolor, obstáculos, fracaso de proyectos, estancamiento, rechazo a un cambio, falta de fe y de apoyo, pesimismo, luto, pérdida, desgaste, vejez, verdad difícil de aceptar, rebelión, brutalidad, violencia, castigo, separación definitiva de la pareja, éxito no logrado a causa de un error, despido, ruina en negocios económicos, enfermedad grave y, si aparece combinada con cartas negativas, muerte, suicidio, un asesino, un maníaco, un loco.

Lugares: cementerios, criptas, cavernas.

Tiempos: martes, primera época del otoño y del invierno, signos de Escorpión y Capricornio. Un año que tiene que pasar.

El consejo del arcano: no se quede anclado en las viejas situaciones: parece necesaria una absoluta transformación.

XIV – LA TEMPLANZA

El ángel de la vida universal, vestido de verde y rojo y con la cabeza envuelta en un turbante adornado con una diadema, aparece intentando pasar un fluido vital, un líquido regenerador, de una urna (la capacidad sensitiva y la intuición) a otra (la razón).

Por lo tanto, representa la curación, la regeneración, el equilibrio perfecto entre principio solar, masculino, y lunar, femenino.

Significados positivos: evolución, progreso, transformación, nacimiento, creatividad, nuevas perspectivas, serenidad, reflexión, adaptabilidad, vitalidad, tolerancia, sociabilidad, comunicación, cooperación, equilibrio, frugalidad, castidad, fidelidad, armonía en la pareja, vínculos sólidos y duraderos, concordia espiritual, amistad perfecta, proyectos llevados a término, esperanzas realizadas, buenas sorpresas, ascenso, protección en el campo profesional, cambio de puesto, tranquilidad financiera, situación estática, vacaciones, curación, utilización de las terapias alternativas.

Significados negativos: inestabilidad, desorden, impaciencia, caprichos, mundanería, avaricia o despilfarro excesivos, obstáculos, cambios breves, conversión equivocada, aridez, frialdad, incomunicación, antipatía, frustración, pereza, hipocresía, amor infeliz, incomprensión, esterilidad, divorcio, proyectos profesionales bloqueados, conflictos de interés, malestares físicos, molestias nerviosas y circulatorias, alergias.

Lugares: cine, emisores de radiotelevisión, aeropuertos.

Tiempos: invierno, febrero, signos de Virgo, de Libra y de Acuario.

El consejo del arcano: evite los esfuerzos excesivos, aténgase siempre a la moderación.

XV – EL DIABLO

El Diablo está representado bajo el terrorífico aspecto del Baphomet templario: pezuñas y cabeza de cabra, caderas peludas y alas de murciélago. Lo sostienen dos personajes que, como él, son semihumanos y que son una alegoría de las pasiones que aprisionan al hombre y lo llevan a un plano puramente animal. El Diablo es el arcano del vínculo, de las cadenas que oprimen y que hay que romper con un supremo acto de valor. La connotación tan negativa del arcano, más favorable si está del revés que del derecho, proviene de la mentalidad sexofóbica de la época en que se concibió; de hecho, la carta se relaciona con todos esos elementos que hoy en día se viven con una cierta libertad, como la sexualidad, el deseo de poder y la ambición.

Significados positivos: instinto, magnetismo, fuerza misteriosa, energía psíquica, poderes ocultos, atracción, elocuencia, carisma, experiencias sobrenaturales, acontecimientos inesperados, predestinación, una ocasión que hay que aprovechar al instante, riesgo, azar, un éxito brillante conseguido con medios no muy limpios, deseos cumplidos, voluntad intensa, liberación, alivio, obstáculos superados, audacia, necesidad de aceptar el destino, relaciones profundas, nuevas ocasiones, pasión, liberación de vínculos no deseados, éxitos en el ámbito médico-quirúrgico, lujo, riqueza, fuerza física, protección en relación a enfermedad, parto o intervención con resultado positivo.

Significados negativos: desbarajuste, excesos, desequilibrio, maldad, abuso de poder, fraude, mentira, arrogancia, avidez, litigios, errores, amor venal, traición, celos, embarazo no deseado, críticas, fracasos, estafas, préstamos arriesgados, usura, recrudecimiento de enfermedad, accidente, virus, droga, impotencia, aborto, fiebre, heridas, enfermedades en los genitales, locura.

Lugares: salas de operaciones, matadero, fundiciones, campos de batalla.

Tiempos: martes, otoño, signo de Capricornio.

El consejo del arcano: no infravalore el peligro y no se deje arrastrar por los demás.

XVI – LA TORRE

La torre del arcano es la torre de Babel, construida por egoísmo y ambición. Una construcción viviente y sensible, pero destruida por el rayo divino que castigó la arrogancia, la presunción y la desmedida búsqueda de perfección exterior. Los dos personajes, que debido a su ambición han pretendido demasiado mientras ignoraban la realidad, caen desde el edificio junto a una lluvia de bloques de piedra. El arcano de la Torre, uno de los peores de la baraja, más drástico del derecho que del revés, representa el fundamento filosófico de la necesidad del mal como aspecto complementario del bien o como condición que lo precede.

Significados positivos: un conflicto necesario, un cambio drástico y repentino, un resultado negativo que permite encaminarse hacia una dirección mejor, un cambio de trabajo o de residencia que resulta útil para salir de una situación crítica, ruptura de un equilibrio estancado, pretensiones que deben ser reconsideradas, temor injustificado, advertencia, peligro, duda, choque saludable con la realidad, toma de conciencia, ruptura de los esquemas tradicionales, clarificación, crisis beneficiosa en la pareja, un fracaso profesional que resultará útil, diagnóstico precoz de enfermedades.

Significados negativos: fin, desilusión, error, derrota, ruina, calamidad natural, guerra, revuelta sangrienta, cambio a peor, imprevisto negativo, grave dificultad, esfuerzos inútiles, desconfianza y orgullo excesivos, encarcelamiento, condena, abusos, hurto, amenaza, odio, litigios, explotación, esclavitud, pérdida de poder, falta de ayudas, magia negra, un amor contrariado, ruptura, viudedad, celos patológicos, despido, negocios perdidos, bancarrota, miseria, estrés, bajón físico, enfermedad grave, traumas, accidentes, aborto, embarazo difícil, esterilidad, impotencia, diagnóstico equivocado.

Lugares: ruinas, escombros, torres.

Tiempos: martes, sábado, principio del invierno y de la primavera, signos de Escorpión y Capricornio.

El consejo del arcano: cancele un proyecto muy arriesgado y peligroso.

XVII – LAS ESTRELLAS

La muchacha que aparece en esta carta, que tiene una cara dulce y bella, vierte en un estanque el contenido de un ánfora y de un jarro a fin de vivificar su agua pútrida. Lucífero, el portador de luz, también llamado *estrella de la mañana*, es el gran astro que domina la escena como símbolo de la luminosidad que guía al hombre perdido en el desierto de la materia. El simbolismo tradicional prevé la presencia de otras siete estrellas más pequeñas que completan la escena: por tanto ocho estrellas, porque el ocho es el número del infinito, del orden cósmico y de la justicia.

Significados positivos: momento propicio, buenas perspectivas, protección divina, suerte, éxito, peligros y obstáculos superados, fe, optimismo, idealismo, paz, esperanza, felicidad, sinceridad, altruismo, renovación, contactos sociales, magia blanca, astrología, compensación por los esfuerzos realizados, satisfacción, conclusión, recompensa, nuevo amor romántico, relaciones felices, noviazgo, matrimonio, fascinación, amistades, aventuras, nacimiento, profesión en contacto con el público, pasión artística, creatividad, prosperidad, longevidad.

Una artista, una mujer beneficiosa para la persona consultante.

Significados negativos: fin de un periodo afortunado, momento difícil, falta de ocasiones, mala suerte, obstáculos, esperanzas frustradas, desconfianza, incertidumbre, obstinación, dudas, aridez, mentiras, sensualidad excesiva, falta de afecto entre los dos miembros de la pareja, traiciones y enredos en el trabajo, ganancias inesperadas, negocios que terminan mal, desequilibrio físico, astenia, accidentes, droga, intoxicación, enfermedades de los niños, embarazo peligroso.

Lugares: teatros, galerías de arte, salas de baile, desfiles de moda, institutos de belleza.

Tiempos: viernes, noche, plena primavera, mayo, principio del otoño, signo de Acuario.

El consejo del arcano: no abandone la esperanza.

XVIII – LA LUNA

El pálido rostro de nuestro satélite se refleja en un pantano, en cuyo centro un enorme cangrejo, en analogía con el signo zodiacal de Cáncer, devora todos los residuos para que el agua no despida malos olores. Cerca de la orilla, dos perros, las constelaciones del Can Mayor y del Can Menor, vigilan el camino de la Luna, disuadiéndola con su ladrar de apartarse de su órbita. Por lo tanto, representan a los defensores del orden, de la propiedad y del inconsciente, como testimonia la presencia de las torres, erguidas a modo de centinelas del misterioso territorio. La imagen del cangrejo tampoco es casual: en efecto, con su caminar hacia atrás recuerda el recorrido de la Luna en el cielo, aparentemente contrario al del Sol.

Significados positivos: el inconsciente, reflexión, imaginación, videncia, hipnosis, secretos revelados, popularidad, influencia del ambiente, recuerdos, encuentros con personas del pasado, infancia, situación cambiante, límite, tinieblas que se desvanecen, reuniones, vida familiar, pasión, embarazo, profesiones creativas en contacto con el público, ganancias inesperadas.

Significados negativos: depresión, ansiedad, superficialidad, ilusión, fantasías engañosas, emotividad destructiva, tristeza, caprichos, prejuicios, fanatismo, sentimientos confusos, pereza, masoquismo, desorden, trampas, peligros escondidos, necesidad de renuncia y sacrificio, compromisos, recuerdos estériles, influjo negativo del pasado, traumas, enfermedades escondidas, alucinaciones, reumatismo, neurosis, suicidio, envenenamiento, pesadillas, secretos divulgados, robos, hipocresía, chantajes, equívocos, celos, relaciones confusas que no tienen salida, carrera inadecuada para la persona consultante, fraudes, fluctuaciones económicas, falsos amigos, enemigos escondidos.

Lugares: lugares públicos, bares, restaurantes, balnearios, playas, ríos, lagos.

Tiempos: lunes, noche, julio, verano, signos de Cáncer y Piscis.

El consejo del arcano: tiene que confiar en la intuición y saber callar.

XIX – EL SOL

El arcano nos presenta a una joven pareja unida tiernamente en un paso de danza. Se trata de la razón unida al sentimiento, que triunfa a la luz de la verdad y de la claridad. Cuando la luz del Sol haya redimido a todos los hombres, estos podrán volver a apropiarse de su integridad y del paraíso perdido. El astro enriquece a la pareja con una lluvia perpetua de oro: el oro filosófico de la alquimia, el oro del espíritu que es la riqueza suprema.

Significados positivos: felicidad, serenidad, alegría, altruismo, suerte, situación favorable con respecto a la pregunta, periodo productivo, certeza, progreso, buenos resultados, conquista, recompensa, honores, celebridad, armonía con el ambiente, abundancia, lujo, optimismo, fe en sí mismo, orgullo, inteligencia brillante, idealismo, fidelidad, elocuencia, carisma, libertad, solución de un problema, superación de adversidades, protección divina, asociación afortunada, comunicación, nuevos conocidos, acontecimientos extraordinarios, influjos celestiales positivos, un encuentro feliz, armonía familiar, serenidad en la pareja, prole numerosa, reconciliación, apogeo en la profesión, éxito literario o artístico, viajes interesantes, invenciones, fortuna material, curación, buena salud.

Significados negativos: incomprensión, ruptura de acuerdos, ayudas rechazadas, falta de armonía, soledad, fracaso, dificultades insuperables, planes anulados, mala suerte, retrasos, ocasiones desvanecidas, imposibilidad de gloria, mentiras, derroches, exhibicionismo, arrogancia, vanidad, acontecimientos negativos para los niños, amor rechazado, relación en crisis, divorcio, suspenso, fracaso artístico, ganancias previstas que no se cumplen, traumas, accidentes, quemaduras, intoxicaciones, infarto.

Lugares: lugares abiertos expuestos al sol, desiertos, playas.

Tiempos: miércoles, final de la primavera, junio, julio.

El consejo del arcano: no se inquiete por nada: todo se arreglará.

XX – EL JUICIO

El ángel de grandes alas blancas, probablmente el arcángel Miguel, que emerge de una nube tocando la trompeta, hace pensar enseguida en el ángel del Apocalipsis.

La tríada que resucita, la familia, sale deslumbrada de la tumba como símbolo de la humanidad regenerada.

Es el juicio supremo, el momento de la verdad en el que todo lo que es material se separa de lo que es espiritual.

Significados positivos: acontecimientos positivos, rápidos e inesperados, transformación, mejora, victoria, éxito, conquista, recuperación después de una crisis, rejuvenecimiento, satisfacción material o espiritual, decisiones que se deben tomar sin titubeos, buena ocasión, recompensa, giro decisivo de la existencia, estabilidad alcanzada, periodo favorable para nuevas iniciativas, notoriedad, juicio definitivo, veredicto justo, rendición de cuentas, aclaración de dudas o equívocos, resolución de problemas, ideas fulgurantes, protección celestial, cartas, noticias, entusiasmo, apostolado, propaganda, profecía, ascetismo, milagro, personas que se vuelven a encontrar, genialidad, libertad, flechazos amorosos, cambios en una relación, cambio profesional, ascenso, talento artístico o literario, invenciones, negocios que terminan bien, curación, fin de los sufrimientos, curación por imposición de manos, televisión, radio, viajes aéreos.

Significados negativos: necesidad de volver a plantearse cosas que se consideraba que ya estaban resueltas, dificultades de renovación, decisión postergada, incertidumbre, frustración, malas noticias, desilusión, crisis, exaltación, inconsciencia, conflictos, agitación, vejación, respuesta desfavorable a la pregunta, crisis de pareja, divorcio, causa legal aplazada, litigios, enredos, pérdida, robo, negocios bloqueados, mala salud, tensión, estrés, abuso de las propias fuerzas, alcoholismo.

Lugares: cines, aeropuertos.

Tiempos: sábado, febrero, signos de Virgo, de Acuario y de Piscis.

El consejo del arcano: no dude, actúe con rapidez, todo le saldrá bien.

XXI – EL MUNDO

La diosa de la vida, cubierta con un velo rojo en el interior de una guirnalda, simboliza la actividad, la juventud y la vida. La suya es una posición de equilibrio que la mantiene inmóvil en el centro, como un fuego eterno que, aun estando fijo en un lugar, no deja de llamear. En las cuatro esquinas de la carta, un ángel, un toro, un león y un águila, que corresponden a los cuatro signos fijos del zodiaco, Acuario, Tauro, Leo y Escorpión, simbolizan los cuatro elementos del cosmos: aire, tierra, fuego y agua, indispensables para que se mantenga la vida en el mundo.

Significados positivos: evolución lenta pero constante, éxito duradero, superación de obstáculos, evento milagroso, plenitud, perfección, apogeo de un ciclo, circunstancias favorables para lo que se ha preguntado, premio, felicidad, recompensa, deseos satisfechos, protección divina, colaboración provechosa, virtud, talento, determinación, amor por lo bello, unión feliz y duradera, fecundidad, licenciatura o examen superado con la mejor nota, profesión ligada al campo o a las finanzas, actividad rentable, bienestar, riqueza, posesiones, golpe de suerte, buena salud.

Significados negativos: acontecimientos que aún no se han resuelto, temor de que ocurra un cambio, imperfección, fracaso, obstáculos interpuestos por un poderoso, contratiempos que causan retrasos, dificultades superables, necesidad temporal de lucha, avidez, breves ataques de ira, mundanería, dispersión, incomprensiones de pareja, homosexualidad, fracasos y hostilidad en el ámbito profesional, cambio de suerte.

Lugares: bancos, oficinas de bolsa, terrenos agrícolas.

Tiempos: lunes y viernes, mayo, plena primavera, signos de Tauro y Leo.

El consejo del arcano: no tema, el camino que ha tomado es decididamente el mejor.

EL LOCO

El vigesimosegundo arcano, que no tiene número, se puede considerar indistintamente el último o el primero de la baraja. En efecto, si se examina de una manera superficial, su papel no cuenta para nada: el Loco es el ser irresponsable y pasivo que parece arrastrarse a través de la existencia siguiendo impulsos irracionales. El traje variopinto quiere indicar las múltiples e incoherentes influencias que lo empujan aquí y allá, con el hatillo colgando del hombro y lleno de sus inconsistentes tesoros. Un animal salvaje, emblema de la lucidez y del remordimiento, le muerde empujándole, en lugar de retenerle, hacia lo ineluctable... Pero en este menosprecio del peligro y del dolor, en esta búsqueda del infinito, está encerrada la gran lección que nos da el Loco, que ha renunciado a la ambición y a la materia en beneficio de una evolución exclusivamente interior. En este sentido, el Loco es quizás el mismo hombre que abre el ciclo de los arcanos mayores, el Mago, que, tras sucesivos pasos a lo largo del camino iniciático, ha alcanzado la verdadera sabiduría. La sabiduría de quien por fin encuentra el valor para ir contracorriente, moviéndose sólo en el interior de sí mismo y a lo largo del camino del corazón.

Significados positivos: nuevos proyectos, cambios imprevistos, suerte, energía, situación positiva que hay que aprovechar al momento, entusiasmo, extravagancia, decisiones que hay que tomar, impulsividad, independencia, ideas brillantes, intuición, previsión, despreocupación, espiritualidad, inocencia, llegada de un huésped, lo incógnito, nueva aventura amorosa, viajes, empresas positivas, herencia, curación cercana, reposo, abstención. Anula los malos presagios de las cartas que tiene al lado.

Significados negativos: vacío, caos, fuga, abandono, depresión, calamidad natural, desbarajuste del destino, bloqueo de toda iniciativa, lentitud, apatía, dudas, indecisión, inmadurez, manías, excentricidad, exhibicionismo, antojo, crisis existencial, incoherencia, excesos, desorden, materialismo, inmoralidad, ligereza, indiscreción, negocio desaconsejado, necesidad de volver a evaluar un proyecto, optimismo excesivo, utopía, problemas que no se pueden solucionar, decisión equivocada, proyectos estériles, desilusión, mentira, engaño, envidia, arrogancia, venganza, violencia, guerra, espionaje, magia negra, amor no correspondido, celos, traición, ruptura violenta de una relación, ansiedad por la familia, soledad voluntaria, indecisión con respecto a una unión definitiva, viajes peligrosos, asuntos fallidos, estrés, locura, suicidio, toxicomanía, alcoholismo, una persona nociva, un fuera de la ley, un enemigo, un brujo.

Lugares: oficinas, fundiciones, hornos, cuarteles.

Tiempos: martes, otoño, noviembre, signo de Escorpión.

El consejo del arcano: no se desanime, siga por el buen camino.

ANÁLISIS DE LOS ARCANOS MENORES

HISTORIA, ORÍGENES Y SIMBOLISMO

Los cincuenta y seis *arcanos menores*, basados en el simbolismo del número y del palo, desempeñan la función de ayudantes con la tarea de detallar y especificar el oráculo trazado a grandes rasgos por los veintidós mayores. Se trata de cuatro series —es decir, cuatro palos: bastos, copas, espadas y oros— constituidas por catorce cartas cada una, de las cuales diez están numeradas, que probablemente se originaron a partir del juego del dominó, y cuatro son figuras (el rey, la reina, el caballo y la sota), las mismas que caracterizan al juego del ajedrez. Entre estas, el *rey* se relaciona analógicamente con el hombre maduro que ya ha llegado a su realización: el padre, el marido, la autoridad, la virilidad concretada en la sabiduría; la *reina,* con la mujer que está en la flor de la vida y en su pleno significado de madre-tierra-agua-Luna-fecundidad: la madre, la esposa, la novia; el *caballo,* con el hombre joven que todavía está soltero, osado y combativo y en la plenitud de sus fuerzas y del deseo amoroso: el amigo, el novio, el hermano; la *sota,* con el joven que todavía está en un proceso de formación: el hijo, el estudiante y el chico, pero también la chica y la niña.

En distintos juegos, las cartas con figuras se utilizan para representar a la persona consultante y a su pareja en función de la edad, del estatus social e incluso de las características físicas, que también se distinguen por medio del palo: pelo y ojos oscuros para las figuras de bastos y espadas, claros para las de copas y oros.

Además, al palo de **bastos** se le relaciona analógicamente con el elemento fuego, porque la llama prende de la madera; con el verano; con la dirección sur; con los campesinos, y con el imperativo mágico del querer, simbolizado por la varita del mago. Este palo se refiere a la esfera profesional, a los viajes, a las invenciones, con especial referencia a la audacia, al dinamismo, a la iniciativa y a las transformaciones necesarias para alcanzar el éxito.

Las **espadas**, relacionadas analógicamente con el aire, que hienden con su filo, tienen una correspondencia con el invierno, con la dirección norte, con el estamento militar, con el poder, con la fuerza disuasoria del mago y con el imperativo mágico al que este obedece, el saber. Representan todo lo que el hombre teme: las luchas, las dificultades, las enfermedades y los accidentes, aunque sean una consecuencia de las ventajas de la comunicación, de la independencia y de la libertad personal.

Las **copas**, vinculadas al elemento agua, están destinadas a contener y se relacionan con la primavera, la dirección este, los intelectuales y con el vaso o con la esfera de cristal con los que el mago lee el porvenir. Indican los afectos, las pasiones, la alegría y la fecundidad.

Los **oros**, relacionados con el elemento tierra puesto que es de las profundidades de la tierra de donde se extraen los metales y las piedras preciosas, están vinculados con el otoño, la dirección oeste, los comerciantes y, en el plano mágico, con el objeto mágico que el mago mantiene entre las manos mientras va trazando en el suelo el círculo, donde encontrará protección contra las energías negativas, que se deben manipular a distancia. En el juego indican el dinero, los negocios, la riqueza, las cosas concretas y estables: la materia, la resistencia y la búsqueda fructuosa.

En cambio, en la serie numerada, del uno al diez, los arcanos menores aportan el carácter sagrado del número, que el pensamiento pitagórico entendía como centro de energía radiante, unidad de medida del mundo e incluso, según las concepciones cabalísticas hebreas, instrumento de la creación divina.

Los antiguos atribuían a los números un poder especial que dependía de si se trataba de cifras pares o impares, es decir femeninas o masculinas: un significado negativo, de dualismo, tensión y contrariedad, o positivo, de dinamismo, éxito y perfección. Y, en el terreno simbólico de la cartomancia, este poder les ha acompañado en el tiempo, de modo que llegan a delinear, en su unión con el palo, el significado más o menos favorable de cada uno de los arcanos.

Uno: siempre positivo y beneficioso, simboliza el principio, la germinación.

Dos: emblema de la pareja, indica una asociación, pero también una contraposición, un contraste.

Tres: número dinámico que se relaciona con la actuación, con la realización de un propósito.

Cuatro: significa éxito, desarrollo, estabilidad, en analogía con el cuadrado que lo representa.

Cinco: símbolo de renovación, imprevisto, aventura y, a veces, de éxito y de matrimonio.

Seis: simboliza el equilibrio de dos polaridades opuestas, la atracción de los contrarios generadora de estatismo, la lucha por la liberación.

Siete: en analogía con los siete planetas, representa la armonía, el éxito, el intelecto y la fuerza.

Ocho: emblema de la muerte, de la transformación, de la justicia y de la estabilidad cósmica.

Nueve: representa la perfección del tres multiplicado por sí mismo, símbolo de lo divino, de lo ideal, de todo lo que está lejos.

Diez: es la conclusión, la obtención, la suerte, el final y el sucesivo reinicio de todas las cosas.

EL SIGNIFICADO DE LOS ARCANOS MENORES

Bastos

As: nacimiento (21-27 marzo)

Del derecho: principio, afirmación, orden, ayuda, suerte, procreación, buenos negocios, energía, vitalidad.

Del revés: caída, error, ruina, pérdida, noticia luctuosa, parto doloroso, esterilidad.

El consejo del arcano: no infravalore los acontecimientos actuales, tanto en lo bueno como en lo malo.

Dos: añoranza (28 de marzo-2 de abril)

Del derecho: rivalidad, necesidad de poner fin a una duda, separación, añoranza, tristeza, cambios radicales, leves molestias físicas, suerte de breve duración limitada a los juegos de azar.

Del revés: sorpresa, imprevisto, milagro, alegría inesperada.

El consejo del arcano: ponga fin inmediatamente a cualquier duda.

Tres: empresa (3-8 de abril)

Del derecho: empresa, tentativas, correspondencia profesional, encuentros, breves viajes, agudeza en los negocios.

Del revés: paz, fin de todas las penas, consuelo, resolución.

El consejo del arcano: actúe solo, sin recurrir a la intervención de personajes influyentes; sus problemas están a punto de acabarse.

Cuatro: compañía (9-14 de abril)

Del derecho: retiro de la actividad, jubilación, reposo, estabilización, los acontecimientos, ya avanzados, se acercan a su realización; coronamiento de una empresa, adquisición de inmuebles, embarazo deseado.

Del revés: felicidad, belleza, éxito, prosperidad, una posible herencia.

El consejo del arcano: aproveche la actual serenidad.

Cinco: oro (15-20 de abril)

Del derecho: éxito, ambición, expansión, una relación afectuosa vinculada al ambiente profesional. Nueva actividad, riqueza, abundancia, resistencia a los embates de la suerte.

Del revés: dudas, desconfianza, decisiones equivocadas, contrariedades, procesos, litigios.

El consejo del arcano: luche para mejorar sus condiciones económicas, pero evite acumular mucho sólo por el placer de hacerlo.

Seis: doméstico (21-27 de julio)

Del derecho: periodo crítico en el plano profesional, retraso o abandono de proyectos, problemas afectivos o de salud, molestias, infidelidades.

Del revés: espera, esperanza, confianza, fidelidad en los afectos, progreso en la carrera.

El consejo del arcano: aprenda a frenar sus ambiciones.

Siete: reuniones (28 de julio-1 de agosto)

Del derecho: tratos, asociaciones, intercambios, correspondencia, colaboración, evolución de asuntos legales, obstáculos superados, deseos realizados, viajes provechosos.

Del revés: indecisión, desacuerdo, ligereza, chismes, equívocos.
Un niño con el pelo oscuro, familiar de la persona consultante.

El consejo del arcano: tome pronto una decisión.

Ocho: campo (2-7 de agosto)

Del derecho: transformación, cambio profesional, buenas esperanzas para el futuro, ocio, paz, campo, excursiones.

Del revés: incomprensión, incertidumbre, añoranza, problemas financieros, soledad, despido. Un periodo crítico, un éxito sólo parcial.

El consejo del arcano: el momento es favorable para concebir un niño.

Nueve: retraso (8-14 de agosto)

Del derecho: viaje de negocios, contactos con extranjeros, leves contratiempos.
Estudios, exámenes, oposiciones, necesidad de paciencia y reflexión.

Del revés: desgracia, enfermedad, traición, obstáculos. Necesidad de diplomacia y de prudencia máxima.

El consejo del arcano: resígnese a esperar mejores momentos.

Diez: éxito (15-20 de agosto)

Del derecho: éxito profesional, amor, suerte, realización, emigración al extranjero, triunfos en el juego, transformaciones positivas en todos los ámbitos.

Del revés: pena, traición, obstáculos, dificultades para conservar la posición alcanzada, indecisión, situación fluida.

El consejo del arcano: intente resolver rápidamente una cuestión que había quedado en suspenso.

Sota: extranjero (21-28 de noviembre)

Del derecho: un enamorado con el pelo oscuro, un extranjero, un estudiante, un empleado, un niño, un colega, buenas noticias, pequeños desplazamientos, contactos con el extranjero.

Del revés: enseñanza, aviso, malas noticias, traslado o viaje postergado, matrimonio aplazado, enfermedad de un pariente.

El consejo del arcano: actúe sin titubear, es el momento de hacerlo.

Caballo: salida
(29 de noviembre-3 de diciembre)

Del derecho: un soltero entre veinticinco y cuarenta años, moreno, activo y enérgico, un amigo sincero. Cambio profesional, viaje.

Del revés: indecisión, insatisfacción, ruptura afectiva, crisis conyugal, disputas, viajes pospuestos.

El consejo del arcano: reflexione bien antes de tomar una decisión.

Reina: mujer de campo
(4-10 de diciembre)

Del derecho: una mujer con el pelo castaño, casada, dulce, maternal, a menudo vinculada al ambiente profesional, una fiel amiga, una buena consejera.

Del revés: una mujer infiel y malvada, traición por parte de una amiga muy querida, inestabilidad afectiva.

El consejo del arcano: desconfíe de los demás, economice en lo que se refiere a las cosas superfluas.

Rey: hombre de campo
(11-20 de diciembre)

Del derecho: un hombre honesto, comprometido, importante y de mediana edad, un empresario indulgente, matrimonio, fidelidad, acontecimientos alegres.

Del revés: un hombre peligroso, ambicioso y despiadado, infidelidad, obstáculos, mala suerte, éxito incierto y no duradero.

El consejo del arcano: fíese del hombre que está a su lado.

Copas

As: mesa (21-27 de mayo)

Del derecho: amor, pasión, afecto sincero, felicidad conyugal, una relación que empieza bien, nacimiento de un hijo, cambio de residencia, abundancia, fiesta, invitación, alegría.

Del revés: inconstancia, metamorfosis, celos excesivos, noticia desagradable en el ámbito afectivo, venta, donación.

El consejo del arcano: vigile con especial atención algo que está a punto de manifestarse.

Dos: amor (20 de mayo-2 de junio)

Del derecho: amor, pasión, afinidad pero también posibilidad de una doble relación, se impone una elección, declaración, leve dificultad, discordia que se supera enseguida.

Del revés: insatisfacción sexual, celos, ilusión, esperanza vana.

El consejo del arcano: intente resolver un motivo de desacuerdo con su pareja.

Tres: desenlace (3-8 de junio)

Del derecho: resolución, victoria, realización, dificultad superada, carta, cita, breves viajes, éxito en el arte o en la moda, noviazgo, matrimonio, embarazo, proyectos sentimentales para el porvenir.

Del revés: confusión, abusos, actos impulsivos, proyectos suspendidos, circunstancias imprevisibles y negativas, una cita anulada, disgustos causados por los hijos.

El consejo del arcano: no tiene nada que temer, todo está bien encaminado.

Cuatro: equilibrio (9-14 de junio)

Del derecho: estabilidad en la vida sentimental, armonía familiar, buenas perspectivas, agradable novedad, nacimiento de un varón.

Del revés: disgustos, fastidios, inquietud, excesos, dificultades creadas por extraños, remordimientos, graves problemas de amor, aventuras con finales muy desagradables.

El consejo del arcano: afronte sus decisiones con optimismo y alegría y verá cómo todo es más sencillo.

Cinco: herencia (15-20 de junio)

Del derecho: deseos amorosos satisfechos, afinidad, entusiasmo, reconciliación, encuentros felices, vacaciones con la pareja, evolución positiva de una cuestión afectiva.
  Tradición, herencia, leyes, alegrías debidas a los hijos.

Del revés: familia, alianza, resistencia a las dificultades graves, lucha que tiene como resultado el éxito, un contrato, un regalo recibido.

El consejo del arcano: no se amedrente y resista, la lucha tendrá como resultado el éxito.

Seis: pasado (21-27 de septiembre)

Del derecho: indecisión, debilidad, obstáculos, periodo negativo, retrasos en el amor, ruptura, posible viudedad. Simboliza el pasado y lo que es antiguo, marchito, anterior.

Del revés: porvenir, proyectos, renovación.

El consejo del arcano: programe mejor su porvenir evitando repetir los errores del pasado.

Siete: pensamiento
(28 de septiembre-2 de octubre)

Del derecho: noviazgo, matrimonio, conclusión positiva de una relación, fidelidad, amor, encuentros apasionantes, llamadas telefónicas importantes, inteligencia, imaginación, un niño rubio.

Del revés: deseo, proyecto, voluntad, decisión, una aventura extraconyugal descubierta.

El consejo del arcano: persevere en sus propósitos y no renuncie nunca a cumplir sus sueños.

Ocho: jovencita rubia (2-7 de octubre)

Del derecho: renovación, fin de una relación y comienzo de otra mejor que la primera, dulzura, atracción. Una muchacha rubia, felicidad, excusa, reparación, espectáculo, hijos obedientes, negocios provechosos, oportunidad que no hay que menospreciar.

Del revés: celos, tormento, engaño, alternancia de relaciones, fracaso parcial en el amor, proyectos realizados a medias, relación basada únicamente en el sexo.

El consejo del arcano: evite las actitudes demasiado frívolas.

Nueve: victoria (8-14 de octubre)

Del derecho: dificultades superadas, realización de ideales, viajes con la persona amada, relaciones con extranjeros, maternidad, un trabajo proporcionado por un amigo, sueños verdaderos, premios, regalos.

Del revés: desorden, obstáculos temporales, peleas familiares.

El consejo del arcano: actúe sin temor, la victoria está asegurada.

Diez: ciudad (15-20 de octubre)

Del derecho: felicidad, armonía, muy buena suerte en el amor y en su vida privada.

Ventajas económicas, gratificación, ciudad, patria, residencia.

Del revés: cólera, indignación, violencia, altibajos en el amor, indecisión, paralización, misterio.

El consejo del arcano: tenga cuidado de no herir a una persona querida, ya que el daño puede ser muy grave.

Sota: chico rubio (21-28 de enero)

Del derecho: chico rubio, estudioso, contemplativo, joven admirador, enamorado sincero, buenas noticias, nacimiento en la familia.

Al revés: pasión, atracción, simpatía, seducción, envidia, complicaciones sentimentales.

El consejo del arcano: esfuércese al máximo en el estudio y en la investigación si desea conseguir sus fines; cuidado con las falsas ilusiones.

Caballo: llegada
(29 de enero-3 de febrero)

Del derecho: llegada, acogida, alegría, un intermediario para nuevas conquistas, un compañero enamorado, el novio, el amigo, el amante, un buen amigo.

Al revés: un libertino, un infiel, astucia, engaño, obstáculos sentimentales, visita desagradable.

El consejo del arcano: déjese ir, es tiempo de abandonarse al amor y olvidarse de todo lo demás.

Reina: amabilidad (4-10 de febrero)

Del derecho: mujer rubia y honesta, enamorada fiel, mujer sincera, la mujer ideal que corresponde a los sentimientos de la persona consultante, matrimonio feliz, virtud, sabiduría, relaciones profesionales satisfactorias.

Al revés: vicio, deshonestidad, escándalos, equívocos.

El consejo del arcano: déjese guiar por las intuiciones de su compañera; verá como da buenos resultados.

Rey: hombre rubio (11–20 de febrero)

Del derecho: hombre rubio, anciano, honesto, influyente, un profesional, un sacerdote, un enamorado, el marido.

Al revés: un hombre deshonesto e infiel, un ladrón, un estafador, corrupción, egoísmo, ambigüedad, discordias familiares.

El consejo del arcano: fíese del hombre que tiene a su lado.

Oros

As: alegría (21-27 de abril)

Del derecho: regalo, premio, ganancia, mensaje importante, herencia, felicidad, cumplimiento, curación, apogeo del éxito, triunfo del amor.

Del revés: riqueza, algo raro y valioso, una noticia que está al llegar, matrimonio rico y fastuoso, cambio de la situación actual.

El consejo del arcano: aproveche enseguida este momento de suerte ya que puede no durar demasiado.

Dos: turbación (28 de abril-2 de mayo)

Del derecho: dos potenciales fuentes de ganancias entre las que hay que elegir, turbación, inquietud, obstáculos, indecisión que hay que evitar, ambigüedad en el ámbito contractual, falsa alegría.

Del revés: carta, libro, creatividad, principios, posible pérdida de documentos, letra de cambio, discusión, noticia, contrato, molestias, oposiciones, incapacidad de conservar un trabajo o una cantidad de dinero.

Los consejos del arcano: es mejor posponer una elección importante. Controle los gastos.

Tres: importante (3-8 de mayo)

Del derecho: algo noble, poderoso y elevado relacionado con el dinero. Gastos para viajes y estudios, negocios que se llevan a término, préstamos, bolsas de estudio, ayuda de personajes influyentes, fuerza, mando.

Del revés: puerilidad, infancia, debilitamiento, bajeza, cobardía, humillación, distintas dificultades, causa legal, fracaso.

El consejo del arcano: siga el camino que ha emprendido, no se deje aplastar por los demás.

Cuatro: beneficio (8-14 de mayo)

Del derecho: fortuna financiera, ganancias, estabilidad económica, generosidad, afirmación personal, adquisiciones, ventas.

Al revés: convento, prisión, algo firme y fijo; fin, oposición, obstáculos, retraso, regresión, necesidad de resistencia y de autodefensa.

El consejo del arcano: no tome nuevas iniciativas.

Cinco: amante (15-20 de mayo)

Del derecho: mejora, solución de un problema, evolución de una situación financiera, armonía en la relación de pareja, ganancia inesperada, premio, pago de deudas, valor, resistencia, actividad, buenas perspectivas para el futuro. Simboliza al esposo, al amigo, al amante.

Del revés: desorden, turbación, discordia, indecisión en el campo afectivo, desocupación, luchas, engorros, ruina.

El consejo del arcano: calma y reflexión le liberarán pronto de los contratiempos.

Seis: presente (21-27 de agosto)

Del derecho: preocupaciones financieras, ansiedades de distintas clases, crisis, indecisiones perjudiciales, suerte inestable y no duradera. Indica lo que sucede actualmente en la existencia de la persona consultante.

Del revés: deseo, pasión, celos, proyectos fracasados, ruina, dudas, falta de medios, carencia de ambición y de suerte.

El consejo del arcano: modere su entusiasmo y su prisa. La realización prevé un largo aprendizaje.

Siete: dinero
(28 de agosto-2 de septiembre)

Del derecho: dinero que proviene de asociaciones o de matrimonio, financiaciones, buenos tratos, ganancias en el juego.

Del revés: inquietud, impaciencia, remordimiento, desconfianza, temores, inversiones arriesgadas, estafas, críticas, fracasos, trabajo mal retribuido.

El consejo del arcano: reflexione antes de poner en marcha una especulación financiera.

Ocho: muchacha morena
(2-7 de septiembre)

Del derecho: transformación inesperada debida a una herencia o, en todo caso, a un matrimonio, carrera brillante, posición envidiable, una muchacha vinculada de alguna manera al comercio, estudio de nuevas disciplinas.

Del revés: vanidad, avaricia, usura, graves problemas financieros, pérdidas, matrimonio que tarda en llegar, malos consejos.

El consejo del arcano: acepte el consejo de un amigo, moderando los excesos de avidez y de ambición, ya que de lo contrario puede salirle todo mal.

Nueve: efecto (8-14 de septiembre)

Del derecho: realización, cumplimiento, conquista, subvenciones llegadas del extranjero, herencia, viajes, aventuras; posible parto de gemelos.

Del revés: engaño, proyectos fallidos, esperanzas vanas, infidelidad, ruptura de una relación de amistad.

El consejo del arcano: continúe trabajando. Lo mejor es la realización paciente de sus proyectos.

Diez: casa (15-20 de septiembre)

Del derecho: economía, ahorro, familia, embarazo, nacimiento, buena suerte, éxitos, afirmación, legado, ganancia, liquidación, matrimonio ventajoso, cambio de residencia.

Del revés: suerte incierta, proyectos infundados, desacuerdos causados por mujeres, viajes por mar, lotería, azar, destino.

El consejo del arcano: no se arriesgue inútilmente, la suerte actual es considerable pero no durará eternamente.

Sota: chico moreno
(21-28 de diciembre)

Del derecho: dinero que llegará gracias a un chico moreno, instrucción, meditación, trabajo intelectual, un pretendiente de pelo y ojos oscuros.

Del revés: malas noticias llegadas de lejos, prodigalidad, superficialidad, lujo, escasa aplicación, despido.

El consejo del arcano: espere un momento más favorable y actúe con gran prudencia.

Caballo: utilidad
(29 de diciembre-3 de enero)

Del derecho: una persona capaz de proporcionar ganancias, buenas noticias, dinero a punto de llegar, interés, ventaja, un hombre de negocios de éxito, un marido fiel, un buen trabajador.

Del revés: estancamiento, pereza, inactividad, indiferencia, desaliento, falta de responsabilidad, un estafador, un trepador social, un portador de malas noticias, un amigo del que es mejor desconfiar, desocupación, retraso.

El consejo del arcano: tenga cuidado con un socio o con un competidor desleal.

Reina: mujer morena (4-10 de enero)

Del derecho: mujer de mediana edad, morena, rica, capaz de ayudar a la persona consultante, mujer de negocios extranjera, seguridad, confianza, dinero, propiedad de tierras, nivel de vida elevado.

Del revés: una persona interesada, codiciosa e intrigante, dolor, enfermedad, injusticia, temores, dudas, timidez.

El consejo del arcano: evite aficionarse al dinero.

Rey: hombre moreno (11-20 de enero)

Del derecho: un hombre moreno comprometido sentimentalmente, un comerciante, un banquero, un maestro, un científico, a veces un hombre del campo, un terrateniente. Amistad, matrimonio, buenas inversiones, actos rápidos y definitivos, habilidad, ayudas que vienen del exterior.

Del revés: hombre casado o divorciado peligroso para la mujer consultante, una persona rutinaria, voluble y egoísta, amistad superficial que se transforma en enemistad por interés, un rival, vicio, debilidad, deformidad.

El consejo del arcano: no le niegue una ayuda económica a quien la necesita.

Espadas

As: fructificación (21-27 de junio)

Del derecho: afirmación, lucha victoriosa, dinamismo, potencia sexual, éxito amoroso y económico, riqueza, celebridad, embarazo, semilla, parto.

Del revés: violencia, rabia destructiva, extremismo, tensión, frustración, apasionamiento excesivo, envidia, ambición desenfrenada, causas legales.

El consejo del arcano: canalice sus energías hacia objetivos positivos.

Dos: amistad (28 de junio-2 de julio)

Del derecho: amistad, ternura, intimidad, atracción, oposición al mal. Los enemigos abandonan sus proyectos.

Del revés: superficialidad, falsedad, hipocresía, ruptura de amistades y de relaciones, abuso de confianza y de poder.

El consejo del arcano: busque nuevas amistades sin abandonar las viejas.

Tres: alejamiento (3-8 de julio)

Del derecho: partida, retraso, nerviosismo, aburrimiento, incompatibilidad, misantropía, ruptura, esfuerzo inútil, pérdida, duda.

Del revés: error, impulsividad, debilidad, traición, embarazo no deseado, agotamiento nervioso, incapacidad de defenderse, ruptura definitiva.

El consejo del arcano: es preferible aplazar un viaje o una decisión importante. Prudencia en la firma de contratos.

Cuatro: soledad (9-14 de julio)

Del derecho: soledad, exilio, encarcelamiento, enfermedad infecciosa, contrariedad, fracaso, desgracia repentina, resultado negativo de una empresa, obligaciones morales mal toleradas.

Del revés: economía, avaricia, aridez afectiva, nostalgia del pasado, enfermedad grave con posibilidad de intervención quirúrgica, cambio del que hay que desconfiar.

El consejo del arcano: no exagere con los gastos, necesidad de prudencia y de espera.

Cinco: pérdida (15-20 de julio)

Del derecho: destrucción, fracaso, infortunio, pérdida, humillación, seducción, crisis, un problema afectivo de difícil solución, riesgo de especulaciones equivocadas, contrariedades relacionadas con los hijos, lutos, derrotas legales.

Del revés: dolor, añoranza, muerte, recrudecimiento de una patología, confusión mental, futuro borroso.

El consejo del arcano: prepárese para luchar contra circunstancias adversas.

Seis: calle (21-27 de octubre)

Del derecho: nuevos acontecimientos, paso, reequilibrio de la situación, orientación positiva, publicación, notoriedad, diploma, descubrimiento, confesión.

Del revés: indecisión, problemas profesionales o relacionados con la salud, inestabilidad, insatisfacción, estancamiento de proyectos, ingreso en hospital.

El consejo del arcano: no emprenda empresas arriesgadas; mejor atenerse a elecciones ya meditadas.

Siete: esperanza
(28 de octubre-1 de noviembre)

Del derecho: esperanzas cumplidas, contrariedades superables gracias a la paciencia y a la voluntad, sueños, chismes, discusiones.

Del revés: reflexión, buenos consejos, reproche, aviso, noticia, enfermedad nerviosa.

El consejo del arcano: siga escuchando los consejos de un amigo con optimismo y perseverancia.

Ocho: crítica (2-7 de noviembre)

Del derecho: graves dificultades, malas noticias, críticas, discusiones, difamación, condena, molestias urogenitales, intervención quirúrgica, grave peligro de accidentes.

Del revés: dificultades, obstáculos, fatalidad, retraso, esfuerzos desmedidos, una transformación radical dolorosa pero necesaria.

El consejo del arcano: prepárese para afrontar un periodo difícil, reflexione sobre las decisiones que ha tomado y los compromisos que ha adquirido.

Nueve: soltero (8-14 de noviembre)

Del derecho: retraso en los negocios, realización de un proyecto costoso sólo gracias a una firme voluntad, viajes anulados, soltería.

Un consejero, un sacerdote, autoridad, iglesia, ley.

Del revés: desconfianza, escrúpulos, vergüenza, recurso legal, divorcio, enfermedad muy grave, peligro de calamidades naturales.

El consejo del arcano: asuma sus responsabilidades lo antes posible y decídase a realizar sus proyectos.

Diez: aflicción (15-20 de noviembre)

Del derecho: remordimiento, dolor, soledad, separación, enemistad, enfermedad.
Éxito destinado a desvanecerse en breve tiempo.

Del revés: ventaja, éxito, evolución, poder, ocasión a la que no se puede renunciar y que hay que aprovechar al momento.

Los consejos del arcano: si no sabe oponerse a las contrariedades, busque sus razones.

Sota: vigilante (21-28 de febrero)

Del derecho: un militar, un seductor, un ladrón, un espía, un científico, un notario, un artista, especulación, observación, cálculo, noticia que está a punto de llegar.

Del revés: imprevisto, impulso, aturdimiento, cambio de residencia, nuevos amores, pequeñas molestias de salud, una novedad de la que hay que desconfiar.

El consejo del arcano: está vigilado, le espera una desagradable sorpresa.

Caballo: militar (1-6 de marzo)

Del derecho: un hombre enérgico, activo y que provocará unos obstáculos reales pero que se pueden superar, disputa, resistencia, valor, oposición, desafío al destino, máxima vitalidad.

Del revés: cólera, odio, vehemencia, imprudencia, extravagancia, inercia, improductividad, destrucción, ruina causada por mujeres; un traidor, un espía, un adversario taimado.

El consejo del arcano: antes de meterse de lleno en una empresa, piénselo dos veces.

Reina: viudedad (7-13 de marzo)

Del derecho: una mujer de mediana edad, estéril, soltera o divorciada; una pariente anciana, la abuela, la suegra, una rival en el amor, austeridad, sabiduría, ingenio.

Del revés: una mujer ambigua e intrigante; malicia, arrogancia, avidez, críticas, traición, envidia, venganza.

El consejo del arcano: actúe con la mayor prudencia en lo que se refiere a los gastos y a la elección de su pareja.

Rey: hombre vestido (14-20 de marzo)

Del derecho: un hombre que no desea comprometerse sentimentalmente, soltero o divorciado; un profesor, un intelectual, un político, un hombre de ley severo e incorruptible, influyente pero a veces despótico; un militar; justicia, seguridad, frialdad en el amor.

Del revés: un hombre malvado, cruel, un enemigo desleal, un déspota; resultado negativo de una causa, ruptura, divorcio, deshonestidad, gran disgusto.

El consejo del arcano: rehuya cualquier motivo de discusión y de polémica.

JUEGOS

Oráculo del sí y del no

Extraiga de la baraja de los arcanos mayores las cartas n. 0, el Loco, n. 1, el Mago, y n. 2, la Papisa.

Barájelas bien y luego deje que la persona consultante extraiga sólo una, que constituirá la clave de la respuesta:

Loco = no, debilidad, error.

Mago = aporte alguna modificación a su proyecto.

Papisa = sí, siga su plan con absoluta tranquilidad.

Oráculo con dos cartas

Baraje y abra en abanico la baraja de los arcanos mayores y, a continuación, extraiga dos cartas.

La primera representa la situación que empuja a la persona a realizar la consulta; la segunda indica cuál será el desarrollo de esa situación y las posibles formas de actuación.

Oráculo cifrado

Extraiga de la baraja de los arcanos mayores, colocados en un montón delante suyo, la tercera, la sexta, la novena, la duodécima, la decimoquinta, la decimoctava y la vigesimoprimera carta, según el orden en el que se presentan en el montón. Sume los números correspondientes a cada carta, reduciendo la suma obtenida a una cifra inferior a veintiuno, y extraiga la carta que corresponde a ese número. Esta será la que constituya la respuesta.

Ejemplo

Si los números de los arcanos extraídos fuesen los siguientes:

$$19, 3, 14, 6, 15, 9, 2 = 68$$
$$6 + 8 = 14$$

El arcano encargado del oráculo es el n.º 14, es decir la Templanza.

Oráculo rápido

De izquierda a derecha, se colocan siete cartas extraídas de la baraja de los arcanos mayores después de haberla barajado bastante tiempo. Si las cartas que aparecen del derecho fuesen más de cuatro, el oráculo es positivo, en caso contrario será negativo.

Juego de las cinco cartas

Deje que la persona consultante extraiga de la baraja de los arcanos mayores cuatro cartas, que se situarán, respectivamente, a la izquierda, a la derecha, arriba y abajo, según un esquema en forma de cruz.

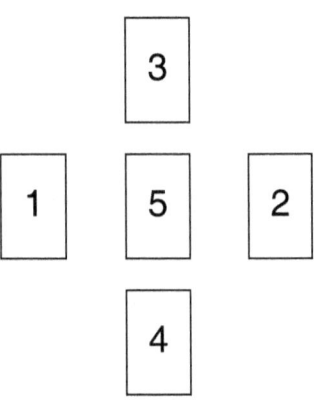

La primera carta representará todo lo que está a favor de la persona consultante; la segunda, lo que se le opone; la tercera, la de arriba, aclara el origen de la pregunta, mientras que la cuarta proporciona una primera respuesta.

La quinta carta, que se debe colocar en el centro del juego y que sintetiza su resultado final, se determina a través de la suma de los números correspondientes a las otras cuatro.

Si la cifra obtenida supera el veintidós, que es el número de los arcanos mayores, se tendrán que volver a sumar sus dos dígitos hasta conseguir un número que no supere el veintidós.

Ejemplo

La suma obtenida de los números correspondientes a los arcanos es 64.

6 + 4 = 10, que corresponde a la Rueda de la Fortuna.

Si la cifra correspondiente a la quinta carta coincide con una que ya se ha extraído como primera, segunda, tercera o cuarta, en el centro del juego no se colocará nada, sino que el sentido de la carta en cuestión quedará aún más reforzado, tanto si es negativo como positivo.

Oráculo seguro

También de la baraja de los arcanos mayores hay que extraer cinco cartas: la cuarta, la octava, la duodécima, la decimosexta y la vigésima, según el orden en el que han quedado colocadas. Así, se tendrán cinco cartas, de las cuales la primera, que representa a la persona consultante, se tiene que colocar en el centro; la segunda y la tercera, que se refieren a la situación presente, se pondrán a la derecha; la cuarta y la quinta, que anuncian acontecimientos futuros, a la izquierda.

Oráculo del espejo

Deje que la persona consultante extraiga una carta de la baraja de los arcanos mayores. Descúbrala y colóquela sobre la mesa. Desparrame las otras cartas y elija nueve, que se colocarán en tres filas, según el orden que se muestra.

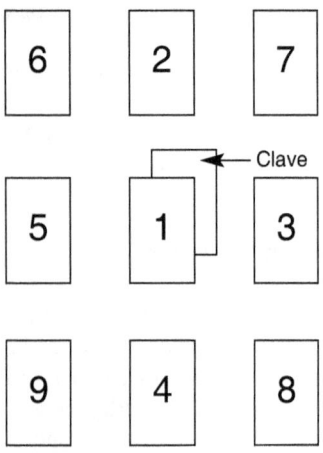

En el centro, en la posición uno, se apoyará la carta descubierta que representa a la persona consultante; a continuación se procederá a la lectura de las otras posiciones, es decir:

2) mente y pensamientos;
3) afectos y sentimientos;
5) sorpresas, acontecimientos imprevistos;
4) futuro próximo;
6) pensamientos y actos de los demás;
7) acontecimientos que pueden ocurrir;
8) consecuencias de lo que se ha hecho;
9) porvenir lejano.

La estrella de Salomón

Retire el arcano el *Mundo* y disponga las siete cartas siguientes como en la ilustración.

La posición 1 informa sobre la situación actual, la 2 sobre lo que sucederá, la 3 so-

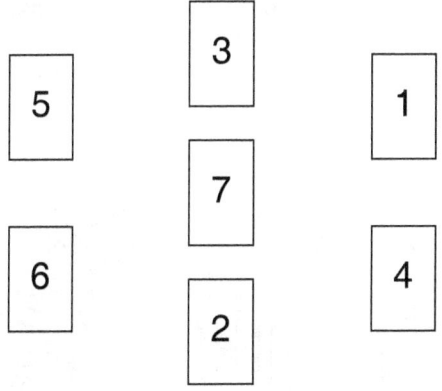

bre los deseos de la persona consultante, la 4 sobre su destino, la 5 sobre las sorpresas, la 6 sobre los enemigos de los que no se conoce su existencia. La 7, que representa el secreto y personal móvil de la persona consultante, se colocará en el centro.

Repita la operación otras dos veces, hasta que se agoten los arcanos mayores, y luego interprételos combinando y uniendo sus significados simbólicos.

El juego de las doce casas

Este juego se puede llevar a cabo según dos niveles de dificultad distintos: el primero limitado al uso de los arcanos mayores y el segundo aplicado también a los menores. Informa sobre el futuro próximo de la persona consultante en todos los aspectos de la existencia, simbolizados por las doce casas, que además presentan una analogía muy estrecha con las astrológicas y geománticas.

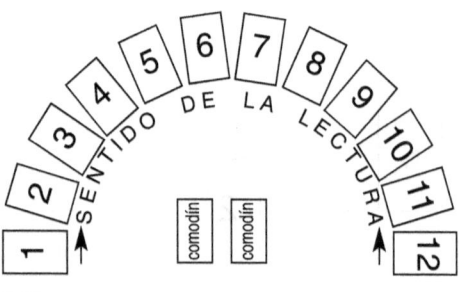

Casa 1: carácter, constitución física, costumbres.

Casa 2: riqueza, propiedades inmobiliarias, ganancias.

Casa 3: ambiente familiar, breves viajes, escritos, correspondencia, parientes, amigos, relaciones sociales, situación escolar.

Casa 4: el padre para un hombre, la madre para una mujer, la familia de origen, el país de nacimiento, el final de la vida.

Casa 5: relaciones sentimentales, hijos, juegos, diversiones, creaciones artísticas.

Casa 6: trabajo, colaboradores, dependientes, la salud, las terapias, los animales domésticos.

Casa 7: matrimonio, el cónyuge, los socios.

Casa 8: sexualidad, herencia, crisis, alejamientos, lutos, intervenciones quirúrgicas.

Casa 9: estudios superiores, viajes largos, el extranjero, la ley, procesos, evolución espiritual.

Casa 10: la madre para el hombre, el padre para la mujer, la carrera, la notoriedad, el ascenso social.

Casa 11: las amistades, las esperanzas, la capacidad de juicio, el altruismo.

Casa 12: las pruebas, las adversidades, los enemigos escondidos, la cárcel, los conventos, la estancia en hospitales.

Coloque las doce cartas tapadas y en semicírculo, de izquierda a derecha; la lectura se efectuará en sentido contrario, es decir, de derecha a izquierda. De este modo, la última carta extraída, que estará situada la última hacia la derecha, corresponderá a la primera casa, la penúltima a la segunda y así sucesivamente hasta la duodécima, es decir la primera que se ha extraído. En el centro del semicírculo se colocarán las dos cartas llamadas *cartas comodín*, elegidas al azar entre las restantes y que, con su significado, imprimirán más fuerza, positiva o negativa, al orden general del juego.

Para los que quieran aventurarse a un nivel superior, la disposición de las cartas no se termina aquí, sino que continúa, siempre según el mismo esquema, con los arcanos menores, que se irán colocando de izquierda a derecha, en los doce sectores y en el lugar de los dos comodines, hasta que se termine la baraja. El último grupo de cartas, el que quedará situado en la fila exterior, proporcionará una carta de síntesis para cada sector, es decir que resumirá todo su significado en una única imagen.

La cruz céltica

Se trata de un oráculo que hay que analizar únicamente con diez arcanos, elegidos entre los mayores y colocados tal y como se indica en la ilustración.

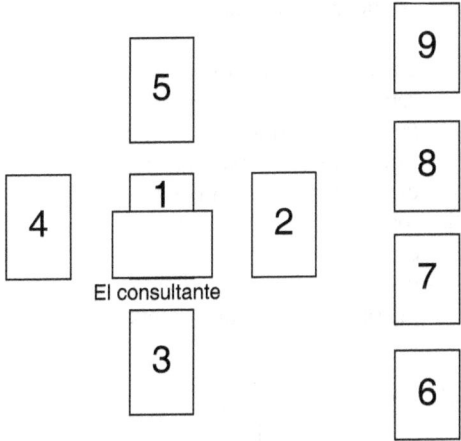

La carta en la posición 1, sobre la que está situada formando una cruz la carta que representa a la persona consultante, proporciona informaciones sobre la situación actual, la 2 sobre el pasado lejano, la 3 sobre el pasado cercano, la 4 sobre el futuro, la 5 sobre las metas de la persona consultante, la 6 sobre su actitud, la 7 sobre las influencias ambientales que le condicionan, la 8 sobre los temores y las esperanzas que lo animan y la nueve sobre la resolución final de la situación.

Juego para asuntos concretos

El juego prevé la utilización de los arcanos mayores más un único palo de los menores, cuya elección dependerá del aspecto específico que se quiere analizar y en el que se desea profundizar:

— bastos, para las consultas que se refieren al trabajo y al estudio;
— copas, para el amor, el matrimonio, los hijos, amigos y parientes;
— espadas, para los procesos, los contratos, la salud, las luchas, los viajes, los cambios;
— oros, para las ganancias, los premios, las operaciones financieras.

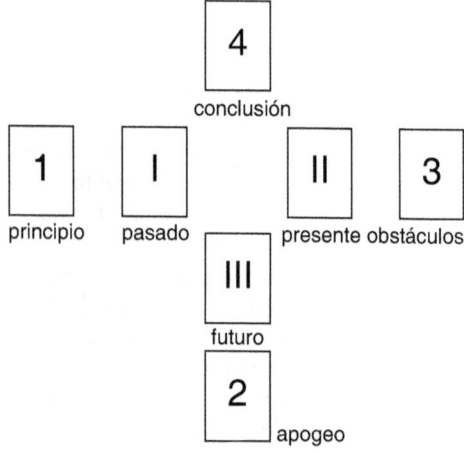

De la baraja de los arcanos menores del palo elegido, hay que extraer cuatro cartas que se colocarán tal y como se muestra en la ilustración (la primera a la izquierda, la segunda abajo, la tercera a la derecha y la cuarta arriba). Respectivamente representan el principio, el apogeo, los obstáculos y la conclusión del asunto en cuestión.

El juego se completa con otras tres cartas que se extraen de la baraja de los arcanos mayores y se colocan en el interior de las anteriores, respectivamente a la izquierda, abajo y a la derecha. Estas últimas proporcionarán detalles sobre la situación global en su dimensión temporal: pasado, presente y futuro.

Oráculo para la pareja

Después de haber mezclado y cortado la baraja de los arcanos mayores, la persona consultante debe extraer trece cartas, eliminando enseguida una que se pondrá aparte. Subdivida las restantes en cuatro montones y, después de darles la vuelta, interprételas según el siguiente orden:

— 1.ª del primer montón y 1.ª del cuarto: la persona consultante y su pareja;
— 1.ª del segundo montón y 1.ª del tercero: su relación amorosa;

— 2.ª del primer montón y 2.ª del cuarto: las amistades y la familia;
— 3.ª del primer montón y 3.ª del cuarto: lo que hay que temer, tanto la persona consultante como su pareja.

A continuación hay que pasar a la interpretación de las restantes cartas:

— 2.ª y 3.ª del segundo montón, que se refieren, respectivamente, al presente y al futuro;
— 2.ª y 3.ª del tercer montón, que aluden, respectivamente, a la casa y al dinero de la pareja.

Por último, mire la carta que se había dejado aparte: si se trata de una carta situada del derecho, el juego queda confirmado, si está al revés, el juego se invierte.

Juego planetario

Se trata de un juego muy sencillo construido sobre las cualidades atribuidas por la astrología clásica a los siete planetas conocidos en la Antigüedad.

Baraje el mazo de los arcanos mayores y extraiga siete arcanos que se distribuirán en sentido antihorario, según las indicaciones de la ilustración, y que se interpretarán en ese mismo sentido.

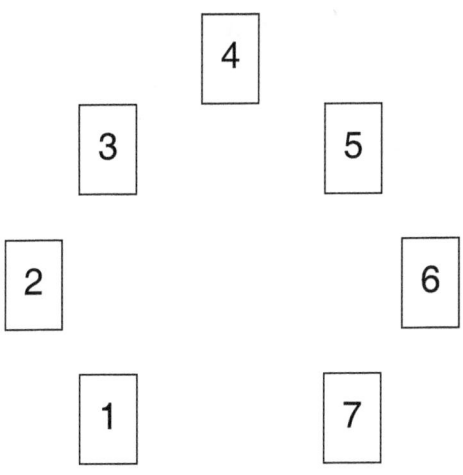

La posición 1, en correspondencia con la Luna, informa sobre el ambiente familiar de la persona consultante; la 2, Saturno, por analogía, corresponde a la esfera intelectual; la 3, Venus, a los afectos; la 4, el Sol, a la vida social, al prestigio y a las conquistas; la 5, Marte, a las luchas, a las competiciones y a los motivos de desacuerdo; la 6, Júpiter, a las adquisiciones materiales, a la sociabilidad y a la espiritualidad; la 7, Mercurio, a los asuntos comerciales, a los estudios y a los negocios.

Juego de la herradura

Después de mezclar y cortar como siempre la baraja de los arcanos mayores, extraiga de ella siete cartas y distribúyalas en sentido antihorario y desde la izquierda, tal y como se muestra en la ilustración.

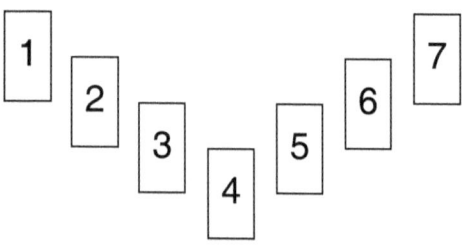

La posición 1 ilustra los influjos del pasado; la 2, el presente, las circunstancias actuales; la 3, los proyectos generales para el porvenir; la 4, la mejora y el desarrollo determinado por los actos; la 5, las actitudes de la pareja; la 6, los posibles obstáculos y la 7, la solución final.

Juego completo para una única cuestión

Mezcle por separado la baraja de los arcanos mayores y la de los menores. Ponga luego en el centro del juego la carta del Mago, si la persona consultante es hombre, o la de la Papisa, si es mujer, y rodéela

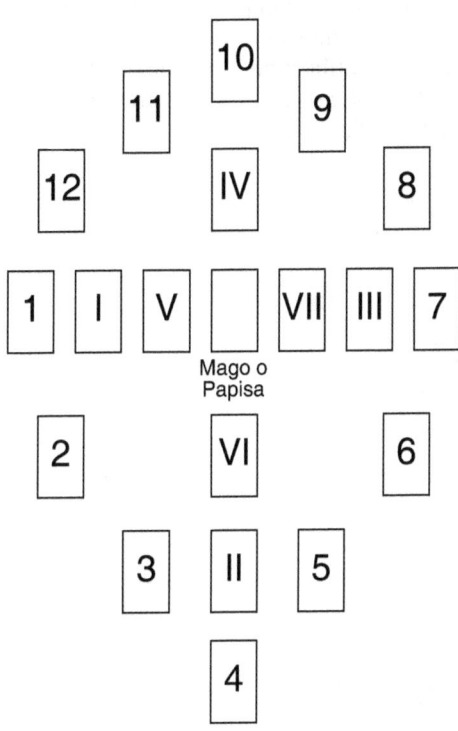

con siete arcanos mayores extraídos por la persona consultante en el orden que sugiere la ilustración.

De estos arcanos, el primero representa el principio, el segundo la conclusión, el tercero las dificultades inherentes a la cuestión específica, el cuarto su apogeo, el quinto el pasado, el sexto el presente y, por último, el séptimo el futuro.

El juego se completa con doce arcanos menores que se colocan en círculo y en sentido antihorario alrededor de la figura cartomántica que se ha construido con anterioridad.

Juego para la semana

Después de mezclar bien los arcanos mayores, extraiga de la baraja catorce cartas, que se colocarán sobre dos líneas horizontales de siete cada una. Las líneas tienen que estar una debajo de la otra. La interpretación, que se realiza por parejas, empezará por la pareja que corresponde al día siguiente al de la consulta. Por ejemplo, si esta se realiza un jueves, cuarto día de la semana, se empezará la lectura a partir de la quinta carta de la primera fila, emparejada con la quinta de la segunda, y se continuará con la sexta, la séptima, la primera, la segunda, la tercera y la cuarta pareja.

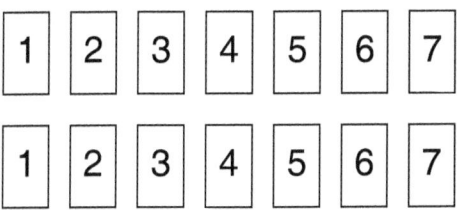

En general, la presencia de la Rueda de la Fortuna le atribuye a la semana en cuestión un carácter extremadamente positivo; por el contrario, la Torre y el Ahorcado indican deseos no realizados.

www.ingramcontent.com/pod-product-compliance
Lightning Source LLC
Chambersburg PA
CBHW070614170426
43200CB00012B/2685